Ulrich Dorn

# 55 Foto-Hacks

Tricks & Skills für bessere Bilder und noch mehr Spaß beim Fotografieren

BILDNER

**Verlag:** BILDNER Verlag GmbH
Bahnhofstraße 8
94032 Passau
http://www.bildner-verlag.de
info@bildner-verlag.de

**ISBN: 978-3-8328-0606-4**

**Lektorat:** Anja Schmid

**Layout und Gestaltung:** Ulrich Dorn

**Autor:** Ulrich Dorn

**Herausgeber:** Christian Bildner



**Druck:** Digital Print Group, Neuwieder Straße 17, 90411 Nürnberg

**Fotos auf dem Cover:**

Bild oben: ©warloka79 - stock.adobe.com

Bild unten links: © Ulrich Dorn

Bild unten Mitte: © Ulrich Dorn

Bild unten rechts: © Ulrich Dorn

# Vorwort

Klären wir zuerst die Frage: **„Was ist ein Foto-Hack?“** Bei einem Foto-Hack handelt es sich um eine verblüffend einfache Lösung eines Problems. Dabei spielt es keine Rolle, ob es sich um einen Quick-and-dirty-Hack, um einen technischen Kniff oder um eine nachhaltige Problemlösung handelt. Diese kann sowohl hardware- als auch softwaretechnischer Natur sein. Die hier vorgestellten Foto-Hacks drehen sich ausschließlich um rein fotografische wie auch fototechnische Problemlösungen.

Jeder kommt irgendwann an einen Punkt, an dem es nicht so recht weitergeht. Kreativblockade – die Ideen gehen aus. Das ist in der Fotografie nicht anders. 55 Foto-Hacks ist eine Sammlung handfester und alltagserprobter Tricks und Skills für bessere Bilder und noch mehr Spaß beim Fotografieren. Sie sind weniger für Profis gedacht, sondern vielmehr für ambitionierte Hobbyfotografen, um der Kreativität wieder auf die Sprünge zu helfen. Hier lernen Sie Tricks kennen, die zu neuen Herangehensweisen anregen und die Augen für neue Ideen öffnen - und das genreübergreifend.

Das Beste aber ist, dass Sie ganz nebenbei eine Menge an fotografischem Grundlagenwissen gleich mitbekommen. Denn eigentlich sind es die technischen und gestalterischen Basics, die man nur neu und kreativ anwenden muss, um aus einem langweiligen Motiv einen echten Hingucker mit Like-Garantie zu machen. In diesem Sinne wünsche ich viel Spaß mit den 55 Foto-Hacks!

Ulrich Dorn, Neuss im Januar 2023

# Inhalt

# 1.

# Nützliche Dinge für die Fototasche

**Beginnen wir mit einer Reihe an nützlichen Dingen, die man als ambitionierter Fotograf immer dabei haben sollte und die in der Fototasche kaum Platz wegnehmen.**

## Taschenmesser

Deejo ist das erste Messer für unterwegs, das auf einzigartige Weise Qualität und extreme Leichtigkeit perfekt kombiniert. Das Deejo ist einfach zu benutzen und lässt sich überall gut verstauen. Und genau darum ist das Deejo auch meine Empfehlung. Deejo-Messer gibt es in unterschiedlichen Ausführungen und Preisen.

## Ministativ

Ein stabiles Ministativ, hier das Leofoto-MT-03, erleichtert die Arbeit Indoor und auch Outdoor ungemein. Sind Sie Available-Light-affin, dann sowieso. Mit den flexiblen Beinen kann man das Leofoto auch an einem Geländer oder einem Ast befestigen. Und zusammengeklappt dient es als Handgriff zum Vloggen.

## Federzwingen

Federzwingen oder Klammern eignen sich für Fotopapier, Musselin-Kulissen, Reflektoren oder für den Einsatz mit anderem Fotografiezubehör. Für rund 12 Euro finden Sie online reichlich Auswahl. Und legen Sie gleich ein paar Kabelbinder mit dazu.

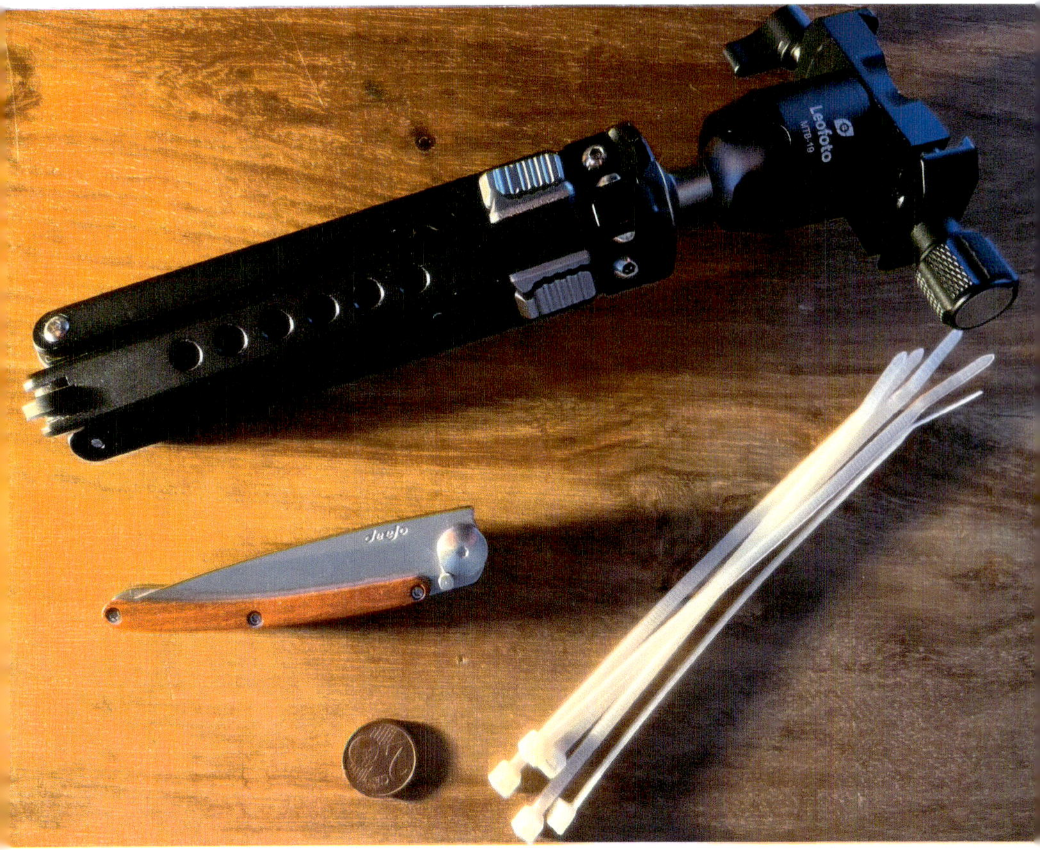


▲ *Nützliche Dinge für die Fototasche.*

iPhone | ISO 400 | 4,2 mm | f/1,6 | 1/33 Sek.

## 2-Cent-Münze

Glauben Sie mir, der Moment kommt, wenn Sie unterwegs eine Arca-Swiss-Schnellwechselplatte an der Kamera befestigen müssen, aber womit? Daher gehört eine 2-Cent-Münze dauerhaft in jede Fototasche.

# 2.

# Parameter für das perfekte Foto

**Drei grundlegende Parameter braucht der Fotograf für ein perfektes Bild: Blende, Belichtungszeit und ISO. Das Belichtungsdreieck verdeutlicht das Verhältnis zwischen Belichtungszeit, Blende und ISO. Diese drei Parameter beeinflussen einander und sind voneinander abhängig.**

## Verschlusszeit

Die Verschlusszeit ist der mechanisch oder elektronisch gesteuerte Vorgang in der Kamera, von dem sich die Belichtungszeit eins zu eins ableitet. Es ist also der Zeitraum, in dem zwischen dem Öffnen und dem Schließen des Verschlusses Licht auf den Sensor fällt. Je dunkler ein Motiv ist, desto länger muss der Verschluss bei gleicher Blende und ISO aufbleiben. Je länger die Verschlusszeit ist, desto größer ist die Gefahr, dass ein Motiv unscharf wird.

## Blende

Mit der Blende wird gesteuert, wie viel Licht durch das Objektiv fällt. Je kleiner der Blendenwert, desto größer ist der Durchmesser der Blende. Die Funktionsweise ist der des menschlichen Auges ähnlich. Im Dunkeln vergrößert sich unsere Pupille und lässt mehr Licht durch. Wenn es hell ist, verkleinert sich unsere Pupille.

**große Blendenöffnung = geringe Schärfentiefe**

**kleine Blendenöffnung = große Schärfentiefe**

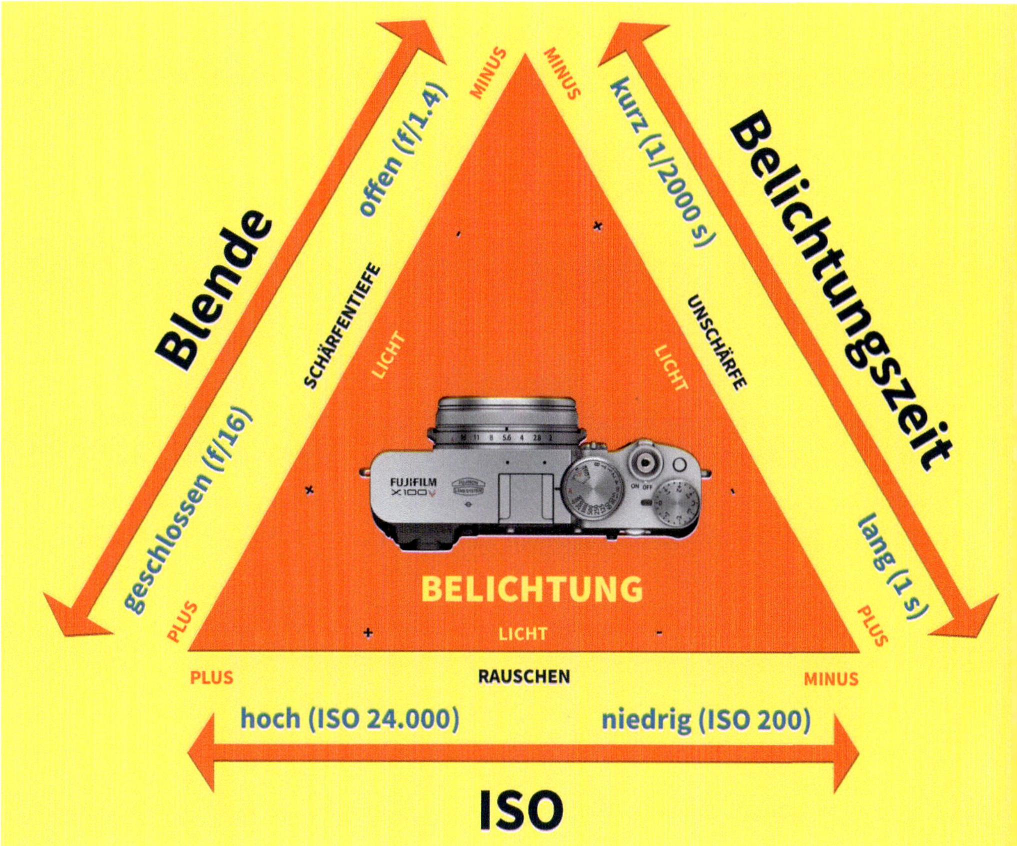


▲ *Schematische Darstellung des Belichtungsdreiecks. Das sind die wichtigsten Parameter, deren optimales Verhältnis zueinander für jedes Foto neu gewichtet werden muss.*

## ISO

Der ISO-Wert ist das Maß für die Mindestlichtmenge, die der Sensor für die Bilderzeugung benötigt. Je höher die ISO-Empfindlichkeit ist, desto schneller verarbeitet die Kamera das Licht. Das ermöglicht Ihnen, eine kürzere Verschlusszeit zu wählen, auch wenn durch die Lichtverhältnisse eigentlich eine längere Zeit nötig wäre.

# 3.

# Regeln der Bildkomposition

**Das Motiv ist interessant, die Belichtung perfekt und die Schärfe stimmt. Was viele über die Begeisterung für ein Motiv vergessen oder nicht kennen, sind die grundlegenden Regeln der Bildgestaltung. Erst wenn Sie sich Gedanken darüber machen, was den Reiz eines Motivs ausmacht und welcher Bildausschnitt am besten geeignet ist, werden Ihre Fotos zu Bildern mit Like-Garantie.**

## Drittelregel

Die Drittelregel sieht vor, dass der Rahmen mit zwei waagerechten und zwei senkrechten Linien unterteilt und somit in neun gleich große Abschnitte eingeordnet wird. Befolgt man die Drittelregel, würde das untere Drittel eines Fotos das Element von geringstem Interesse beinhalten und separiert von den oberen beiden Dritteln sein. Der eigentlich relevante Bildbereich wird dort angeordnet, wo die Linien sich überschneiden.

## Goldener Schnitt

Der Goldene Schnitt ist ebenfalls in neun Segmente unterteilt, die jedoch im Gegensatz zur Drittelregel nicht gleich groß sind. Der mittlere Abschnitt ist hierbei halb so groß wie der obere und untere Bereich. Das Auge wird auf den mittleren Abschnitt gelenkt, in dem der maßgebliche Bildinhalt angeordnet ist. Die Ausrichtung einer Aufnahme entsprechend dem Goldenen Schnitt hat ein fokussiertes und harmonisches Bild zur Folge.

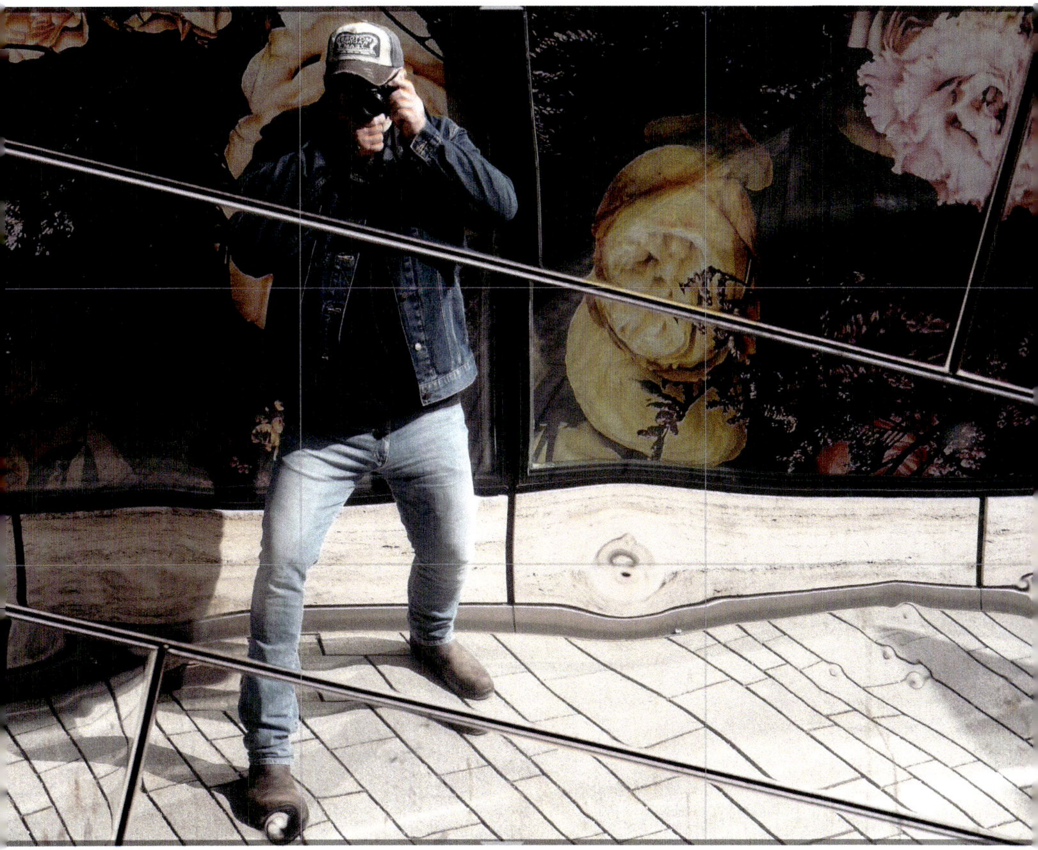

▲ *Das Raster der Drittelregel. Noch ein wenig weiter nach links und der Protagonist ist nach der Drittelregel perfekt positioniert. Aber so ganz genau muss man es nicht immer nehmen.*

DSLM, APS-C | ISO 200 | 35 mm | f/5,6 | 1/170 Sek.

## Goldene Spirale

Die Goldene Spirale (auch Fibonacci-Spirale) ergibt sich aus einer Folge an natürlichen Zahlen, die eine perfekte Kombination aus Harmonie und Gleichgewicht erzeugen soll. Ausgehend von der Fibonacci-Folge ergibt sich ein Verhältnis von 1:1,618. Das ist ein Teilungsverhältnis, das häufig in der Natur und Architektur sowie in der Fotografie zu finden ist. Richtig eingesetzt kann diese Regel den Betrachter ganz natürlich durch ein Bild lenken und ermöglicht eine ausdrucksstarke Bildkomposition.

# 4.

# Die vier Pfeiler der Bildsprache

**Es ist eine Sache, was man in einer redaktionellen Fotostrecke zeigt – und eine andere, wie man das tut. Beides ist aber von großer Bedeutung, wenn man die Zielgruppe für ein Thema begeistern möchte. Hier die wichtigsten vier Eigenschaften, die redaktionelle Fotos mit ihrer Bildsprache erfüllen müssen:**

## Authentisch

Der Betrachter des Bildes muss das Gefühl haben, stiller Beobachter der entsprechenden Szene zu sein. Das Foto selbst hat dabei uninszeniert und authentisch zu erscheinen. Daher wirken die besten redaktionellen Fotos oft so, als wären sie ein gelungener Schnappschuss.

## Glaubwürdig

Das Foto muss den abgebildeten Moment für den Betrachter glaubwürdig transportieren. Der Moment muss spürbar sein. Das geht nur mit ungekünstelter Farbgebung, keine Integration von Werbung und vor allem mit ehrlichen Aktionen vor der Kamera.

## Natürlich

Die in redaktionellen Fotos agierenden Menschen und deren Handlungen müssen ohne dramatische Posen und Gesten auskommen. Die Situationen, Perspektiven und auch Bildausschnitte sollten immer natürlich erscheinen.

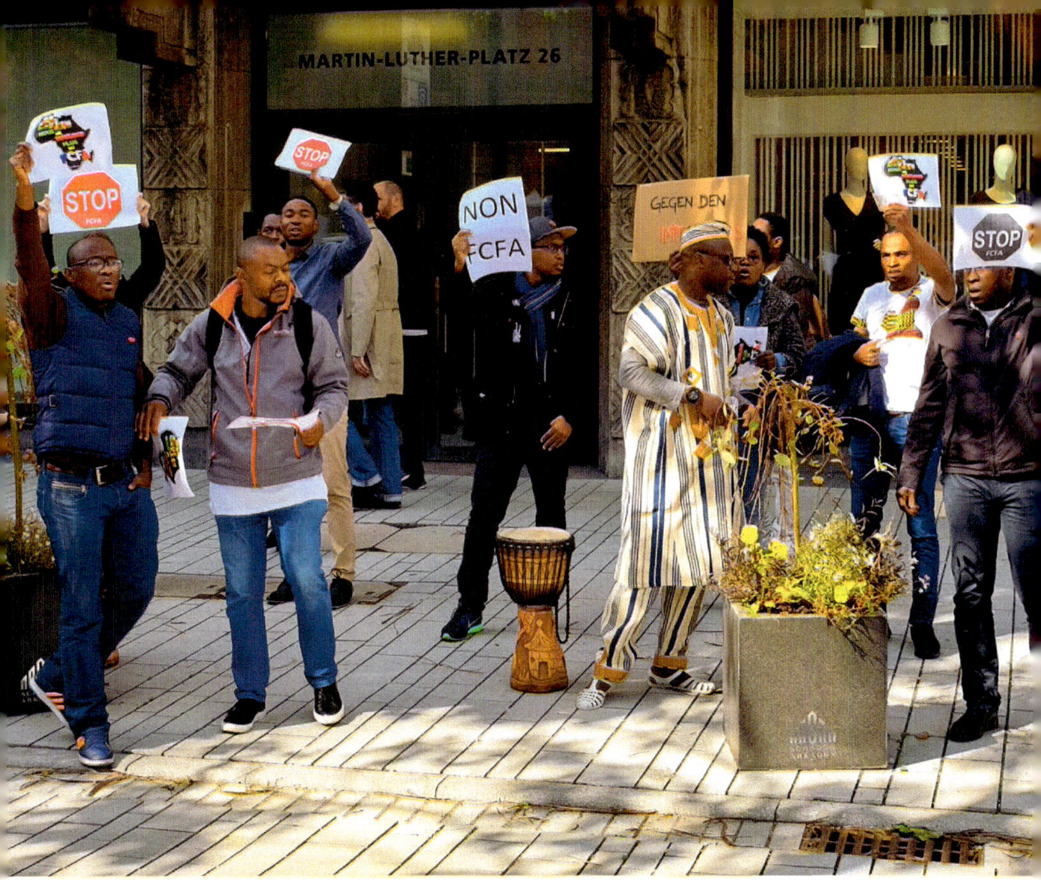


▲ *Spontane Kundgebung gegen den Franc-CFA in Westafrika, aufgenommen am 16. September 2017 in Düsseldorf. Zwei Jahre später haben sich acht westafrikanische Staaten und Frankreich auf eine Währungsreform geeinigt.*

DSLM, APS-C | ISO 400 | 18,5 mm | f/5,6 | 1/250 Sek.

## Ungekünstelt

Konzentration auf das Wesentliche! Weniger ist mehr. Mimik und Aktionen der Personen vor der Kamera sollten unverfälscht und ungekünstelt sein. Der Betrachter merkt sehr schnell, ob ein Foto gestellt wurde oder ob der Fotograf den richtigen Augenblick abgepasst hat.

# 5. Vordergrund macht Bild gesund

**Es gibt eine Fotografenregel, die heißt: „Vordergrund macht Bild gesund". Die Regel ist ein Relikt aus der Landschaftsfotografie. Es geht darum, das Bild zu gestalten, um die komplett mögliche Bildfläche für die Aufnahme auszunutzen und um räumliche Tiefe zu erzeugen.**

## Räumliche Tiefe erzeugen

Fotos sind zweidimensional. Wie erweckt man aber in einem Bild den Eindruck von räumlicher Tiefe? Die allerwichtigsten Gestaltungsmittel sind Vorder-, Mittel- und Hintergrund. Der Begriff Mittelgrund besagt, dass es zwischen den beiden Ebenen ganz vorn und ganz hinten noch einen weiteren Bereich gibt, in dem sich etwas abspielt. Das Hauptmotiv kann natürlich in jeder der Ebenen stehen, es kommt nur darauf an, das Auge des Betrachters auf diesen Blickfang zu lenken.

Wenn die Gestaltungsebenen in einem Bild klar voneinander getrennt sind, es dürfen dann auch zwei oder mehr Hauptebenen sein, entsteht ganz automatisch ein dreidimensionaler Eindruck. Manchmal kann es bei Nachtaufnahmen reizvoll sein, einen im Vordergrund befindlichen Blickfang in den Bildaufbau zu integrieren und ihn dazu mit dem Blitz auszuleuchten. Ein Zaun, ein alter, verwitterter Grabstein vor einer Kirche oder vorbeilaufende Personen bringen Tiefe in ein Foto. Ebenfalls gut für räumliche Tiefe: parallele Linien, die nach hinten zusammenlaufen, und gleich große Dinge, die, gestaffelt hintereinander positioniert, auf dem Bild unterschiedlich groß sind.

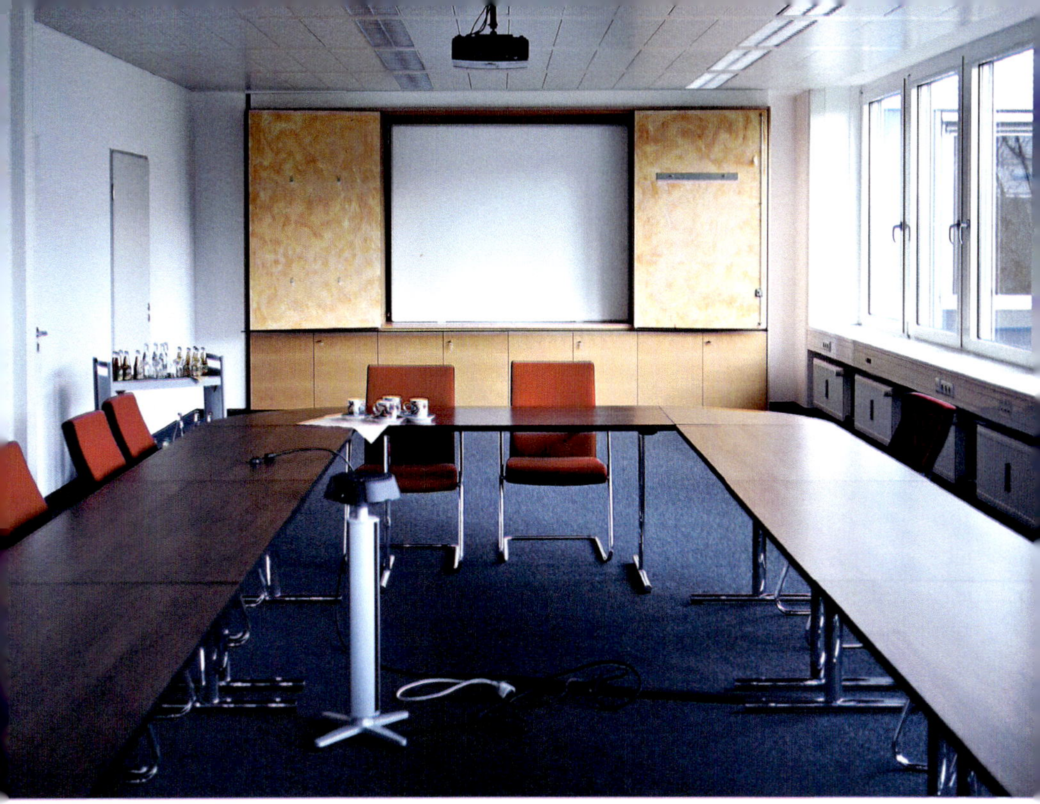

▲ *Vordergrund macht Bild gesund. Die Tische im Vordergrund führen den Blick ohne Wenn und Aber direkt hin zur weißen Leinwand und erzeugen räumliche Tiefe.*

DSLM, MFT | ISO 100 | 20 mm | f/1,7 | 1/20 Sek.

## Ebenen voneinander trennen

Man kann mit der Blende die Schärfentiefe steuern und auf die wichtigste Ebene fokussieren. Stellt man eine große Blendenöffnung ein, wird im Idealfall nur die Ebene mit dem Hauptmotiv scharf abgebildet. Eine andere Möglichkeit ist das Spiel mit Licht, wobei die Hauptebene am meisten Licht abbekommt.

# 6.
# Backplates für Fotomontagen

**Egal, was Sie aufnehmen, Fotos brauchen einen Hintergrund. Und wenn der natürliche oder gerade vorhandene nicht passt, verwendet man einfach einen aus dem Fundus. Gewöhnen Sie sich am besten an, nichts, das sich hinsichtlich Struktur und Größe als Hintergrund eignen könnte, in den Müll zu werfen.**

## Hintergründe mit hoher Auflösung

Großformatige Hintergründe für z. B. Fotomontagen bezeichnet man als Backplates. Man kann, je nach Größe des Motivs, aus vielen Dingen Hintergründe machen. Fotografieren Sie Menschen oder Objekte, sollten die Hintergründe nicht zu klein sein, damit Sie später in der Bildbearbeitung genug Spielraum bei der Positionierung der freigestellten Personen oder Objekte haben.

Je größer der Abstand zwischen Hintergrund und Modell ist, desto größer muss natürlich der Hintergrund sein. Teppich, Stoff, Karton, Holzplatten, Himmel oder gemalte Bilder eignen sich perfekt.

Achten Sie unbedingt darauf, dass der Hintergrund genug Fleisch resp. Spielraum für mögliche Anpassungen in der späteren Bildbearbeitung hat.

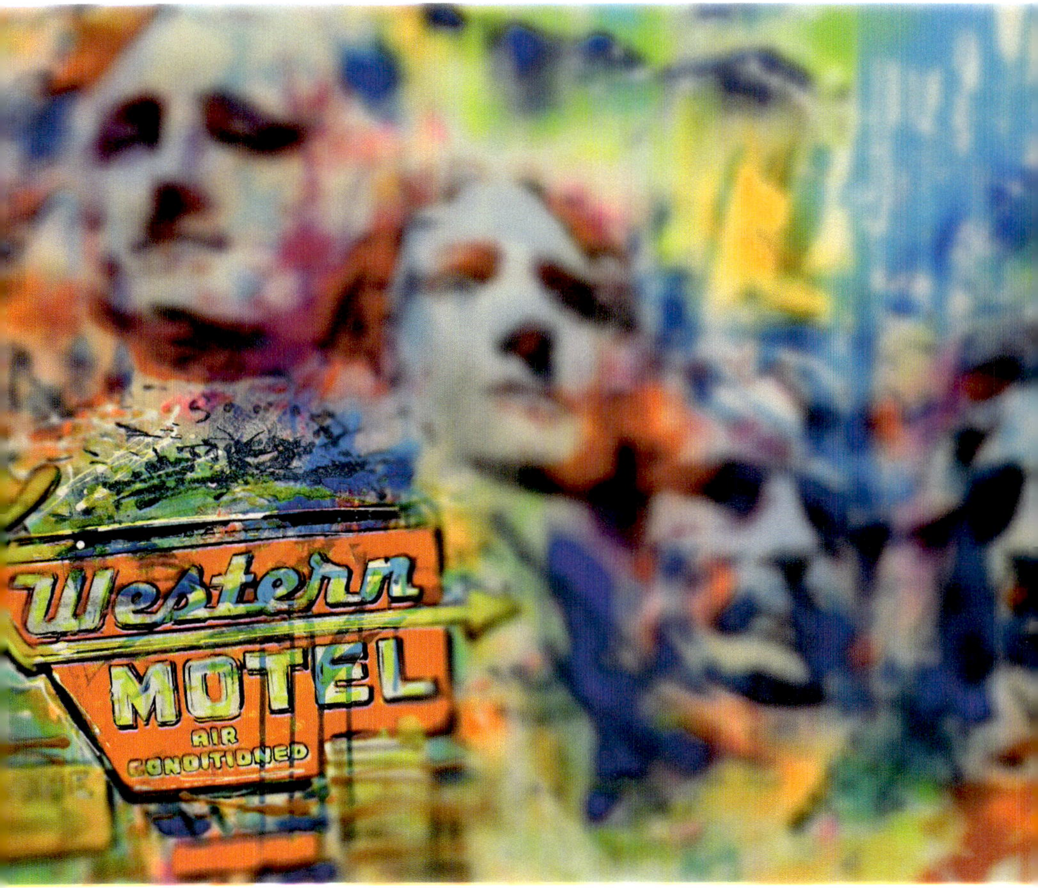


▲ *Es ist immer gut, sich der möglichen Verwendbarkeit von Hintergründen, Untergründen und Accessoires bewusst zu sein und sich ein kleines Lager anzulegen.*

DSLM, APS-C | ISO 100 | 22 mm | f/2,8 | 1/75 Sek.

**Backplates**

Hintergründe für freigestellte Motive, die vorzugsweise in der Werbefotografie eingesetzt werden, bezeichnet man als Backplates.

# 7.
# Hohlkehle schnell selbst gebaut

**Für gelegentliche Fotos von kleineren Produkten vor neutralem Hintergrund braucht man nicht gleich in teures Fotoequipment zu investieren. Ein DIN-A3-Postkartenkarton oder eine weiße Kunststofffolie und ein leerer Tisch – mehr brauchen Sie nicht.**

## Hintergrund ausrichten und Produkt platzieren

Postkartenkarton erhalten Sie im Papierfachhandel (Schreibwaren). Kaufen Sie gleich einen Satz Postkartenkarton in unterschiedlichen Farben, den es in verschiedenen Größen und Gewichten gibt. Als Aufheller können Sie ebenfalls weiße Pappe oder weißes Fotodruckpapier einsetzen. Welche Farbe der Hintergrund haben muss, bestimmt das Objekt. Wichtig ist, dass der Papierhintergrund groß genug ist, um über den Bildrand hinauszureichen.

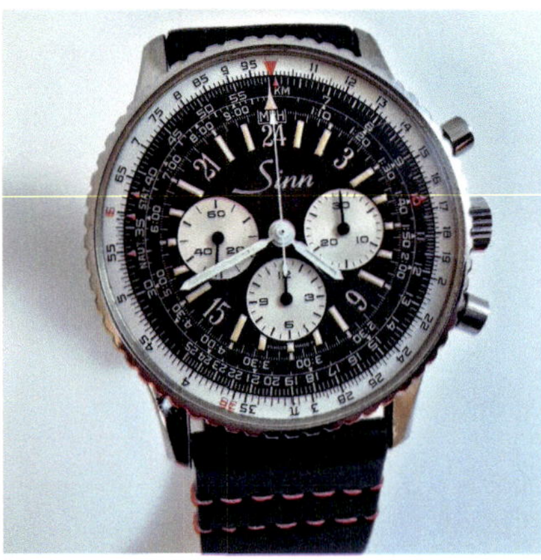


◂ *Das Produktbild einer Sinn-Uhr, das mit dem Smartphone für den Verkauf in einem Uhrenportal in einer Hohlkehle aus Postkartenkarton fotografiert wurde.*

iPhone | ISO 50 | 4,15 mm | f/2,2 | 1/33 Sek.

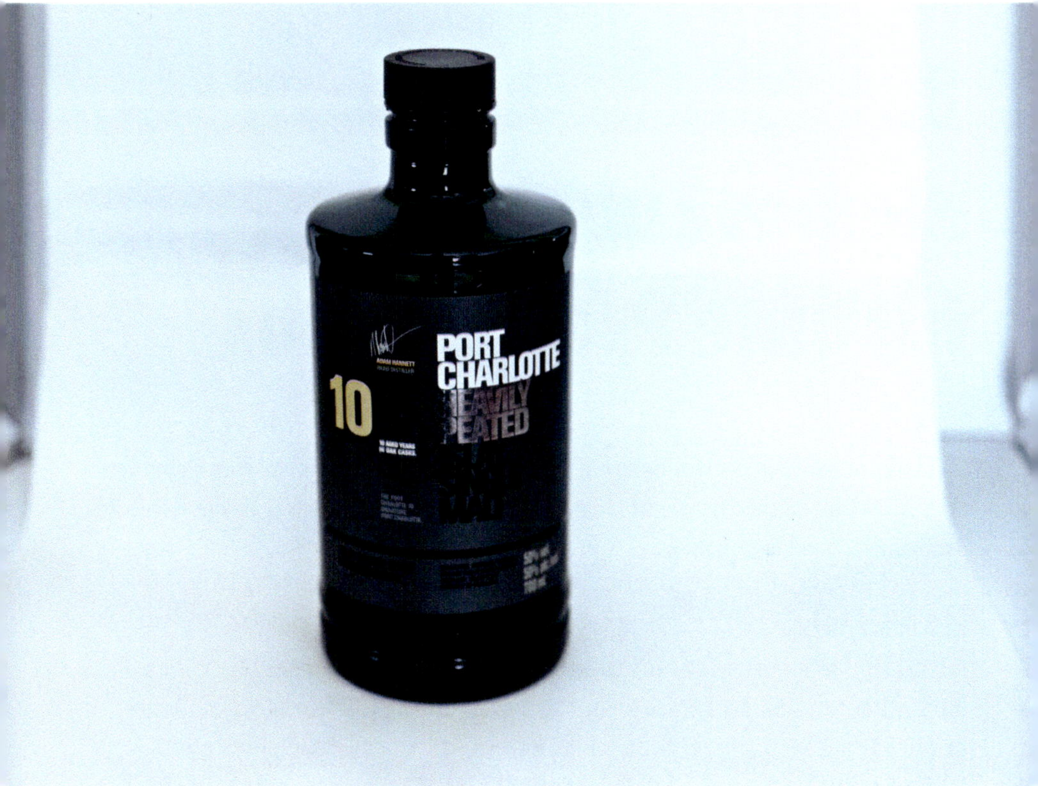


▲ *Hier wurde ein weißes Papier von der Rolle als Hohlkehle genutzt. Bauen Sie das Set nah an einem Tageslichtfenster auf.*

DSLM APS-C | ISO 1600 | 30 mm | f/2 | 1/100 Sek.

## Aufnahmetisch und Fotolampen

Darf es etwas mehr sein? Mit einem Aufnahmetisch und zwei Fotolampen gelingen Produktfotos, die sich durchaus mit denen der „Großen“ messen lassen können. Eine Hohlkehle oder ein Aufnahmetisch und zwei oder drei Fotolampen sind nicht teuer. Sie bekommen beides im Fachhandel und bei Amazon schon um die 150 Euro.

# 8. Kleines Zubehör für gute Produktfotos

**Wenn Sie irgendwo in der Wohnung ein Plätzchen haben, wo Sie schnell eine kleine Fotoecke aufbauen können, ist die Grundlage bereits geschaffen. Dann noch ein wenig Zubehör und es kann losgehen:**

## LED-Fotoleuchte

Für die einfache Ausleuchtung brauchen Sie eine LED-Fotoleuchte, die es unter anderem bei Amazon günstig zu kaufen gibt. Eine starke Fotoleuchte bringt in Sachen Ausleuchtung weit mehr Leistung als LED-Lichtstreifen. Farbfilter (Weiß, Orange und Violett) gibt es häufig obendrein. Energie bezieht diese LED-Fotoleuchte aus zwei AA-Batterien oder AA-Ni-MH-Akkus.

## Bluetoothfernbedienung

Wenn Sie häufiger Objekte fotografieren, sollten Sie über die Anschaffung einer Fernbedienung nachdenken. Sie vermeiden damit, dass Sie die bereits eingerichtete Kamera für das Auslösen noch einmal anfassen müssen und alles wieder verrutscht. Günstige Bluetoothkamerafernauslöser eignen sich wunderbar für fast alle Kameramodelle und haben meist eine Reichweite von bis zu 20 Metern.

## Diffusor und Aufheller

Sie brauchen für gelegentliche Produktfotos kein Geld für ein aufwendiges, teures Fotostudio auszugeben. Im Gegenteil, man kommt mit geringstmöglichem Aufwand und ohne teures Zubehör aus.

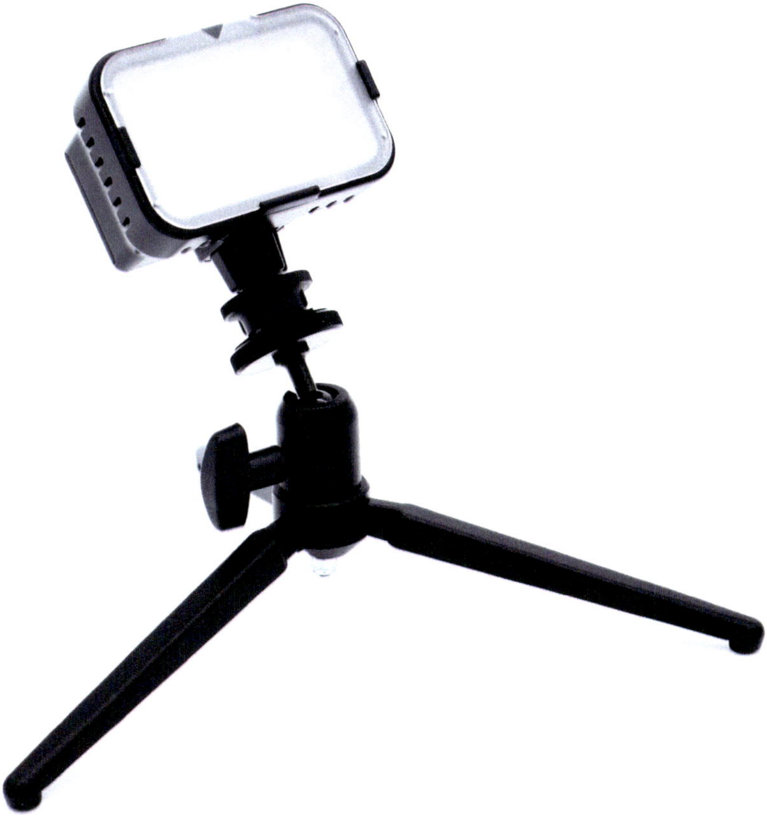

▲ *Befestigt wird die LED-Fotoleuchte auf einem Lampenstativ oder wie hier auf einem Tischstativ mit 1/4-Zoll-Gewinde.*

Arbeiten Sie mit Tageslicht, benötigen Sie einfache Hilfsmittel, mit denen Sie das Licht gestalten können, also Diffusor und Aufheller. Wenn man über Aufheller spricht, sind sogenannte Reflektoren gemeint, mit deren Hilfe man bestimmte Partien des Motivs heller erscheinen lassen kann. Sollten Sie improvisieren müssen, reicht oft schon ein einfaches weißes Blatt Papier, weiße Pappe oder Styroporplatten aus dem Baumarkt.

# 9.

# Wie scharf ist scharf?

**Dass die Aufnahmen mit Ihrer Kamera scharf sein sollen, versteht sich von selbst. Jede DSLR und jede DSLM bietet diverse Funktionen zur Fokussierung – sprich zur Scharfstellung. Möchten Sie sorglos fotografieren, nutzen Sie deshalb am besten den Autofokus, der dem menschlichen Auge beim Fokussieren in den meisten Fällen überlegen ist. Lediglich in einigen besonderen Situationen kann es nötig sein, die Automatik abzuschalten und manuell nachzuhelfen.**

## Beachten Sie den Kantenkontrast

Je höher der Kontrast an einer Kontur im Foto ist, desto schärfer ist die Darstellung. Unschärfe durch falsche Fokussierung verringert den Kantenkontrast. Einige Autofokussysteme haben Schwierigkeiten, wenn ein Motiv keine sichtbaren Strukturen oder Details aufweist.

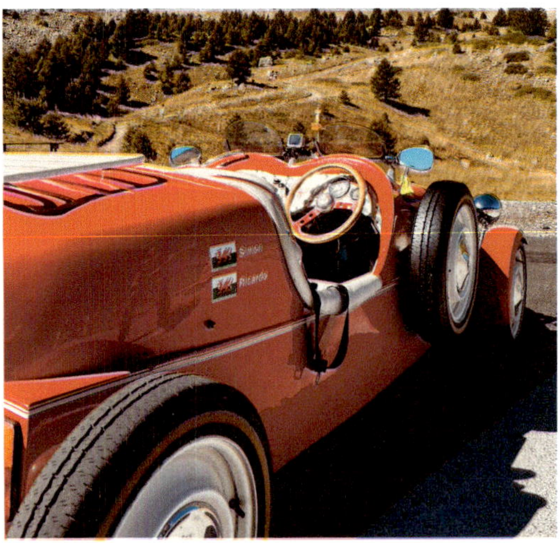

◀ *Der glatte Lack eines Autos, in dem sich die Umgebung spiegelt, ist ein Beispiel, bei dem Sie entweder manuell fokussieren müssten oder auf ein Objekt, das sich im gleichen Abstand wie das beschriftete Hinterteil des Sportwagens befindet.*

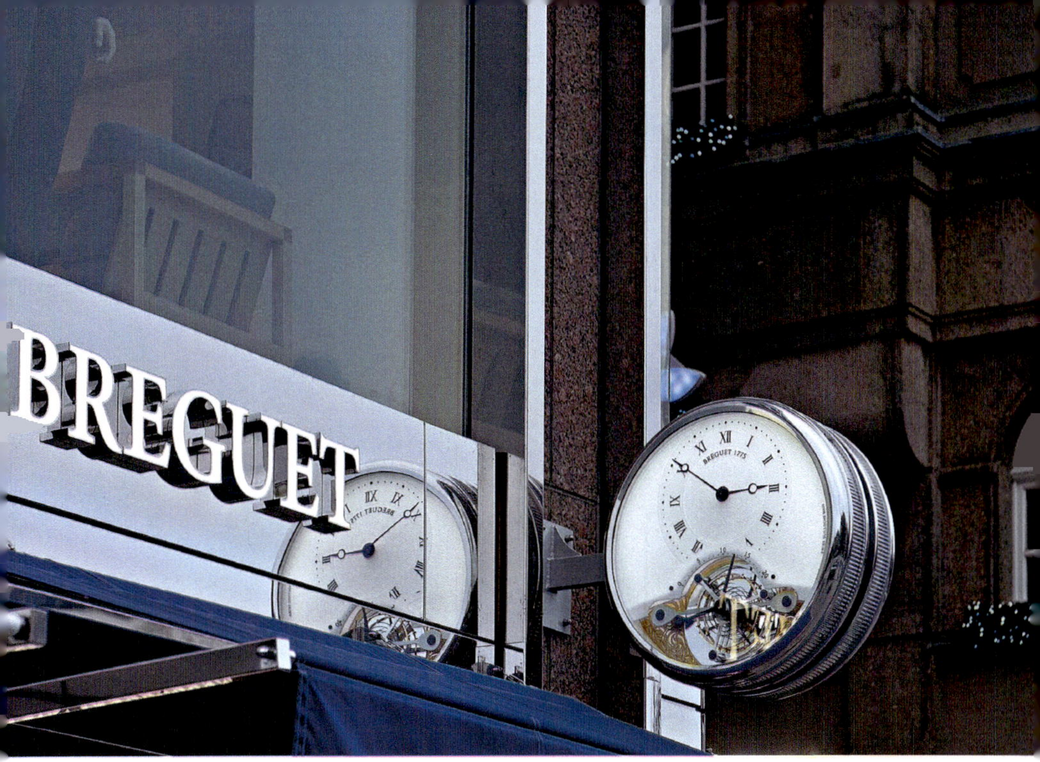


▲ *Das ist Schärfe! Bei Aufnahmen im Nahbereich oder bei wichtigen Details, wie dieser Uhr, muss die Schärfe perfekt sitzen. Gerade bei sehr feinen Strukturen würde Unschärfe sofort auffallen und die Wirkung des Motivs schmälern.*

DSLM | ISO 200 | 56 mm | f/2,8 | 1/280 Sek.

## Maximaler Kantenkontrast

Im Grunde bedeutet Schärfe maximaler Kantenkontrast. Fokussieren Sie zum Beispiel auf ein Auge, werden die feinen Konturen der Iris, des Augenlids oder der Wimpern maximalen Kontrast haben. Sobald sich der Kontrast verringert und der Übergang zwischen Wimper und Haut schwammig wird, wird die Aufnahme nicht mehr als scharf empfunden.

# 10.
# Blickfang scharfe Augen

**Normalerweise ist nichts so falsch in der Fotografie wie Motive, die nicht im Fokus sind. Nehmen Sie Menschen auf und wollen ausdrucksstarke Porträts, sollten Sie immer auf die Augen achten. Sie sind meistens der wichtigste Blickfang für den Betrachter und sollten dementsprechend scharf abgebildet sein. Man könnte sich nun auf die diversen Automatismen wie Gesichts- oder sogar Augenerkennung moderner Kameras verlassen. Hundertprozentig zuverlässig sind diese Automatikfunktionen beim Fokussieren aber auch nicht. Gerade bei Porträts mit begrenzter Schärfentiefe ist das manuelle Scharfstellen essenziell wichtig.**

## Manuell fokussieren

Stellen Sie also den Autofokus einmal aus und fokussieren Sie von Hand. Dazu bieten die Kameras meistens ein paar Hilfestellungen. Es gibt das sogenannte Fokus-Peaking, bei dem farbige Konturen eingeblendet werden, um zu zeigen, wo die Schärfe liegt. Oder es gibt eine Bildschirmlupe, bei der das Vorschaubild auf dem Monitor oder im Sucher stark vergrößert wird.

## Fokus auf die Augen

Welche Hilfe Sie auch immer in Anspruch nehmen – konzentrieren Sie sich auf zumindest eines der Augen. Denn wenn der Mensch vor der Kamera nicht absolut parallel zu dieser steht und die Entfernung beider Augen zu ihr unterschiedlich ist, wird meistens nur ein Auge scharf zu sehen sein, während das andere bereits mehr oder weniger unscharf ist. Machen Sie sich deswegen keine Sorgen! Hauptsache ist, dass zumindest ein Auge scharf gestellt ist.

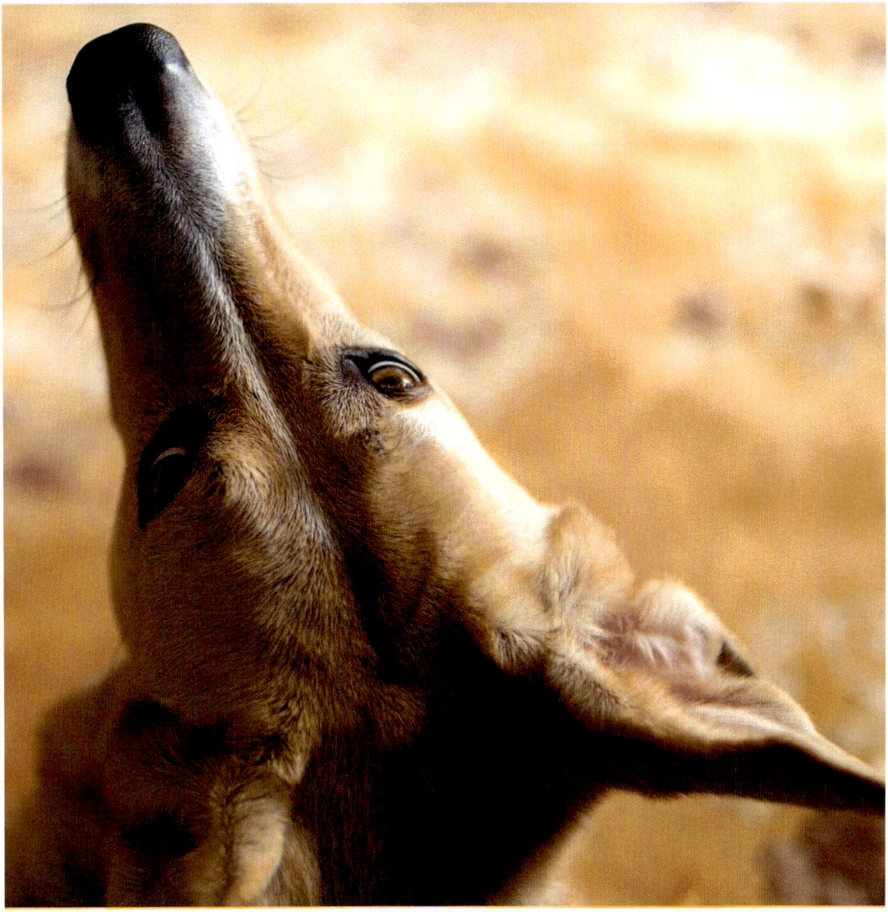

▲ *Wenn man auf die Augen fokussiert, kann eigentlich kaum etwas schiefgehen.*

DSLM | ISO 320 | 30 mm | f/1,4 | 1/100 Sek.

## Fokus-Peaking aktivieren

Stellen Sie die Kamera auf den Fokusmodus MF und schalten Sie die Fokus-Peaking-Funktion ein. Beim Fokus-Peaking werden die Kanten der Bereiche, die in der Schärfe liegen, durch rote, blaue, gelbe oder weiße Markierungen entsprechend kenntlich gemacht. In welcher Farbe diese Kantenanhebung zur Geltung kommt, können Sie im Menü Ihrer Kamera auswählen.

# 11. In der Not mit Bohnensäckchen

Hat man kein Stativ dabei, hilft ein Bohnensäckchen in vielen Motivsituationen weiter. So können Sie eine Mauer, den Ast eines Baums oder eine Bank mit dem Bohnensäckchen auf die Schnelle in ein Behelfsstativ umfunktionieren. Bohnensäckchen oder -beutel gibt es im Fotofachhandel. Aber das Geld können Sie sich sparen, indem Sie einfach einen Leinenbeutel nehmen und diesen mit flexiblen Materialien befüllen.

## Sichere und saubere Kameraablage

Das Bohnensäckchen gleicht Unebenheiten aus und ermöglicht lange Belichtungszeiten bei Nachtaufnahmen oder schlechten Lichtverhältnissen. Haben Sie ein schweres Teleobjektiv an der Kamera, dann ist das Bohnensäckchen eine sichere und saubere Ablagemöglichkeit. Als Zusatznutzen bietet es außerdem, dass die Kamera und das Objektiv vor Schmutz oder Kratzern geschützt sind.

## Es müssen nicht immer Bohnen sein

Oder Sie stopfen einfach ein weiches T-Shirt in den Sack. Das ist meine erprobte Empfehlung, wenn Sie in der Stadt unterwegs sind. Es ist leicht, flexibel und stabil genug, die Kamera zu tragen - und das auf jedem Untergrund.

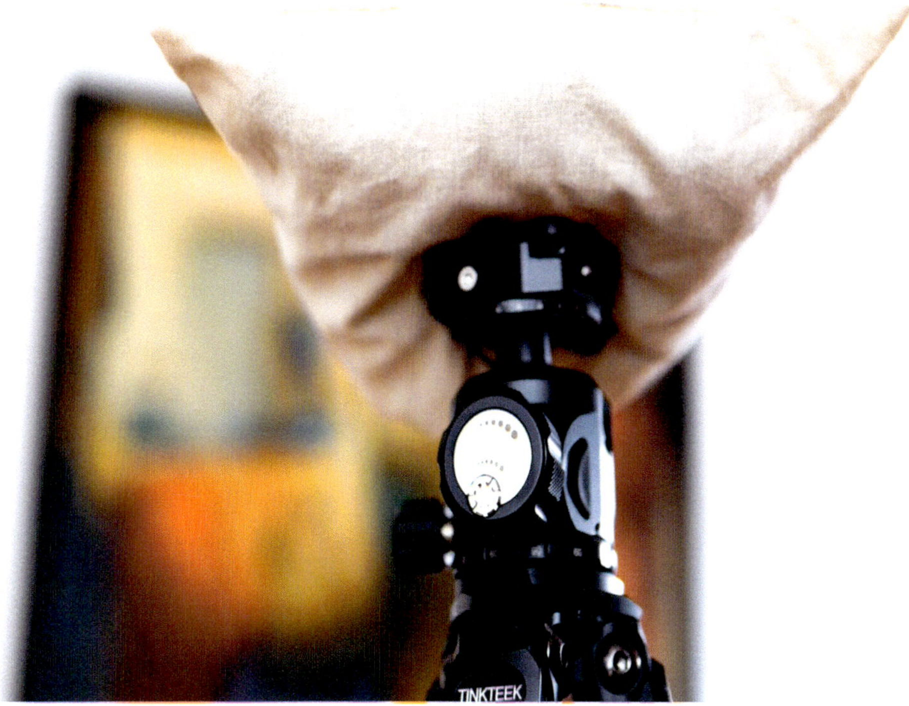


▲ *Die Füllung machts. Hier ein Leinensack mit einem alten T-Shirt gefüllt.*

DSLM APS-C | ISO 1250 | 30 mm | f/2 | 1/100 Sek.

### Warum nicht mal mit Kirschkernkissen?

Zierkissen mit Kirschkernfüllung sind mein Geheimtipp. Kissen in der Größe von 20 cm × 25 cm sind bei Amazon bereits ab 10 Euro zu haben. Achten Sie darauf, dass die Kerne nicht nass werden. Das gilt übrigens auch für alle anderen organischen Füllungen. Damit das nicht passiert und das Kissen im Outdooreinsatz nicht zu schnell verschmutzt, kann man es einfach in einen sauberen Müllbeutel stecken.

# 12.
# Fein gesiebte Schatten und Lichter

**Durch ein Sieb fotografiert legt sich ein kreativer Schatten über das Motiv. Dieser Hack eignet sich in erster Linie für Porträts und natürlich für Produktfotos.**

## Auf die Ausleuchtung kommt es an

Bei kleineren Objekten können Sie zum Beispiel ein größeres Nudelsieb über das Objekt legen. Möchten Sie größere Motive durch ein Sieb fotografieren, brauchen Sie eine helfende Hand, die das Sieb in einem optimalen Winkel hält. Ist kein Assistent verfügbar, können Sie es mit einem Kabelbinder am Stativ befestigen.

## Ausleuchtung mit mehreren Lichtquellen

Ziehen Sie den Kabelbinder nicht zu fest an, denn dann haben Sie noch Spielraum, um das Sieb auszurichten. Das ist aber noch nicht alles, denn erst die Ausleuchtung mit einer oder mehreren Lichtquellen sind das Salz in der Suppe. Versuchen Sie es zuerst mit einer LED-Taschenlampe, die Sie hinter das Objekt positionieren. Im Idealfall setzen Sie noch eine zweite Lichtquelle von oben.

▶ *Das Sieb mit einem Kabelbinder am Stativ fixiert legt Schattenpartien über das Bild und produziert einen leuchtenden Bokehstrahl.*

iPhone | ISO 200 | 4,2 mm | f/1,6 | 1/60 Sek.

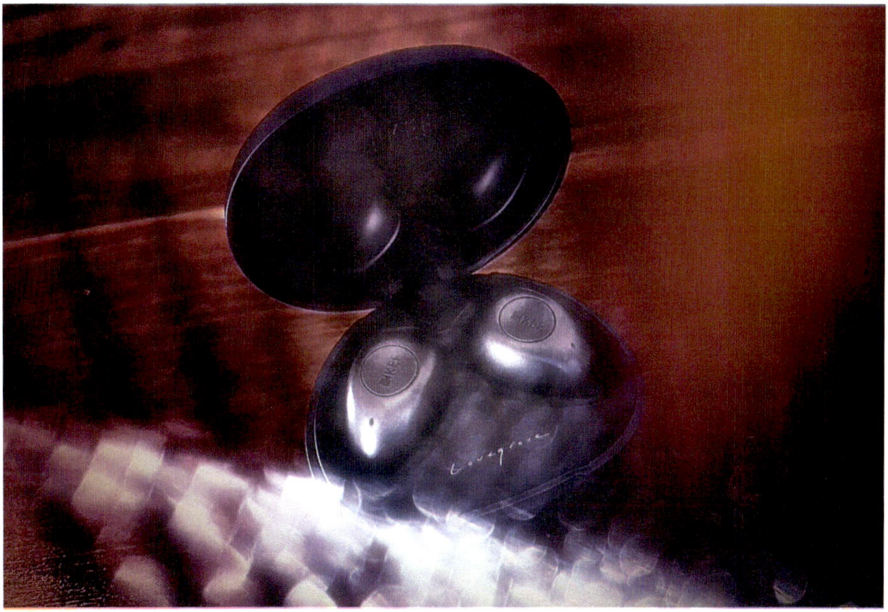

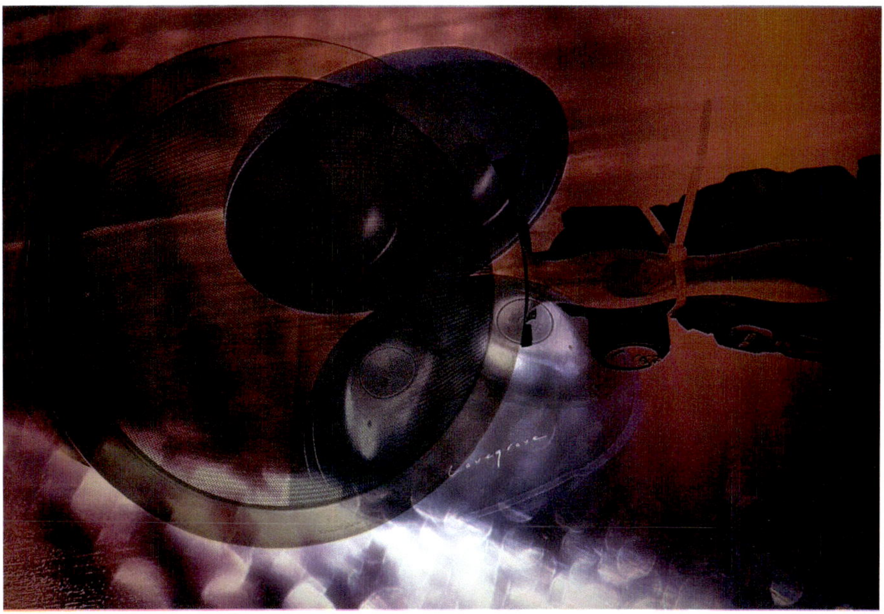

# 13. Vaseline macht weich

**Für einen Weichzeichnungseffekt braucht man mit der entsprechenden Bildbearbeitungssoftware keine Vaseline oder ein anderes transparentes Fett mehr. Möchte man aber einen bestimmten Bildbereich weiterhin scharf dargestellt lassen, dann ist der Vaseline-Hack immer noch eine Option.**

Der Vaseline-Hack ist ein uralter Trick aus der Analogfotografie, der aber immer noch funktioniert: Transparentes Fett können Sie dazu verwenden, einen mehr oder weniger ausgeprägten Weichzeichnereffekt zu erzeugen. Allerdings sollten Sie auf ein paar Dinge achten, um keine matschigen Bilder zu erhalten.

## Nur mit billigem UV-Filter

Tragen Sie den Vaselinefilm nicht direkt auf die Frontlinse des Objektivs auf, denn dann wird es schwer, die Linse vom Fettfilm zu befreien. Besorgen Sie sich einen billigen UV-Filter, der bereits für 10 bis 20 Euro zu haben ist. Achten Sie darauf, dass das Filtergewinde auf das Objektiv Ihrer Kamera passt.

## Auftragen der Vaseline

Tragen Sie die Vaseline mit einem Mikrofasertuch dünn vom äußeren Rand aus in kreisrunden Wischbewegungen auf den UV-Filter auf. Die Mitte des Filterglases lassen Sie in der Größe einer 5-Cent-Münze unberührt. Damit ist sichergestellt, dass nicht das komplette Motiv unscharf wird.

## UV-Filter wieder reinigen

Nach den Aufnahmen schrauben Sie den UV-Filter ab, reinigen diesen mit Spülmittel in einem handwarmen Wasserbad und lassen ihn gut trocknen.

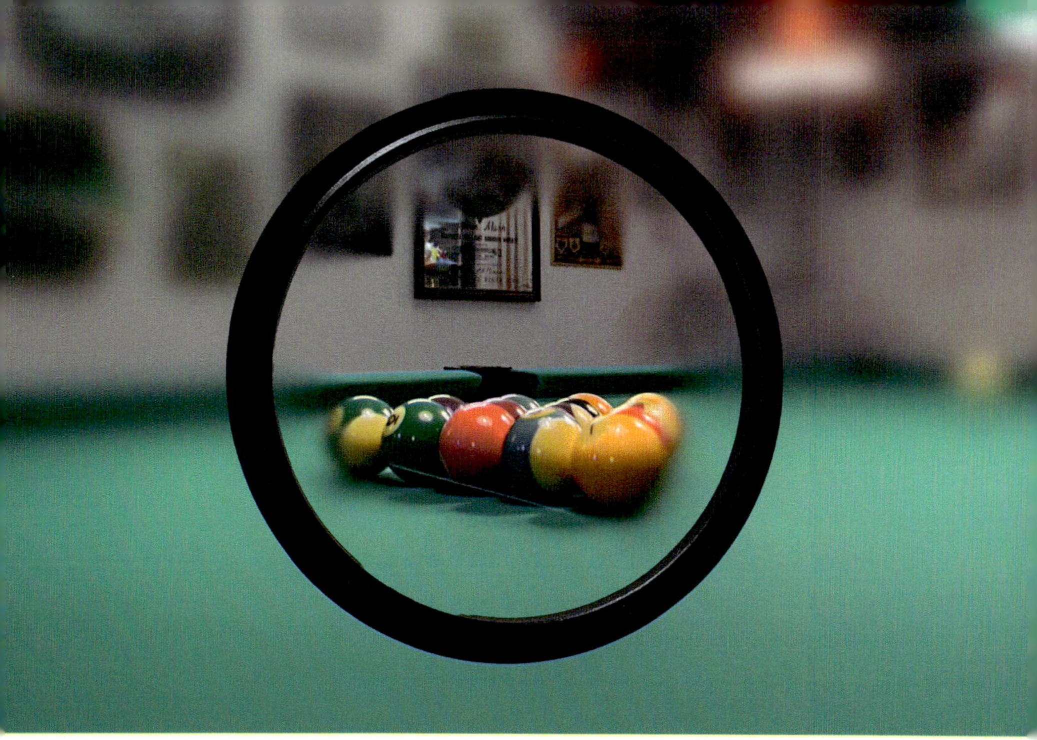

▲ *Um diesen Effekt zu erhalten, genügt es, den am Objektiv angeschraubten UV-Filter ganz leicht und gleichmäßig mit Vaseline zu bestreichen. Der mittlere Bereich bleibt von der Vaseline unberührt.*

iPhone | ISO 125 | 26 mm | f/1,6 | 1/50 Sek.

## Frischhaltefolie tut es auch!

Ist Ihnen der Vaseline-Hack zu riskant, können Sie auch einfach Frischhaltefolie vor das Objektiv spannen. Die Betonung liegt auf „spannen“, denn die Folie sollte glatt sein und keine Falten werfen.

# 14.

# Goldener Schleier mit Neonlicht

**Leuchtstoffröhren in U-Bahnhöfen oder in Unterführungen produzieren ein nicht gerade schmeichelndes Licht. Nichtsdestoweniger entfaltet das Neonlicht in Verbindung mit metallenen und reflektierenden Flächen eine Art goldenen Schleier um das Geschehen am Bahnsteig - so wie in diesem Beispielfoto. Nutzen Sie diesen Effekt für die Bildkomposition.**

## Licht lesen lernen

Bei Tag fotografiert man mit der Sonne, bei Nacht mit dem Blitz. Das wird aber irgendwann langweilig. Wenn Sie „unterirdisch" in der Großstadt unterwegs sind, dann achten Sie doch einmal darauf, welche Lichtquellen sich noch so um Sie herum befinden. Mit zunehmender Erfahrung beim Fotografieren erkennen Sie immer präziser, wie die Lichtsituation in einem Motiv aussieht. Achtet man nicht darauf, wie z. B. ein nächtlicher U-Bahnhof beleuchtet ist, kommt man kaum auf Ideen, wie sich dieses vorhandene Licht für die eigenen Fotos wunderbar nutzen lässt.

## Urbane Kunstlichtquellen

Kunstlichtquellen im urbanen Raum sind zwar kein Licht aus genormten Fotolampen mit konstanter Farbtemperatur. Daher muss man bei Belichtung und Weißabgleich ein wenig aufpassen, dass die Gestaltung nicht aus dem Ruder läuft. Aber wenn man sich die Wirkung künstlicher Lichtquellen erst einmal bewusst macht, entstehen neue Motivideen fast von alleine.

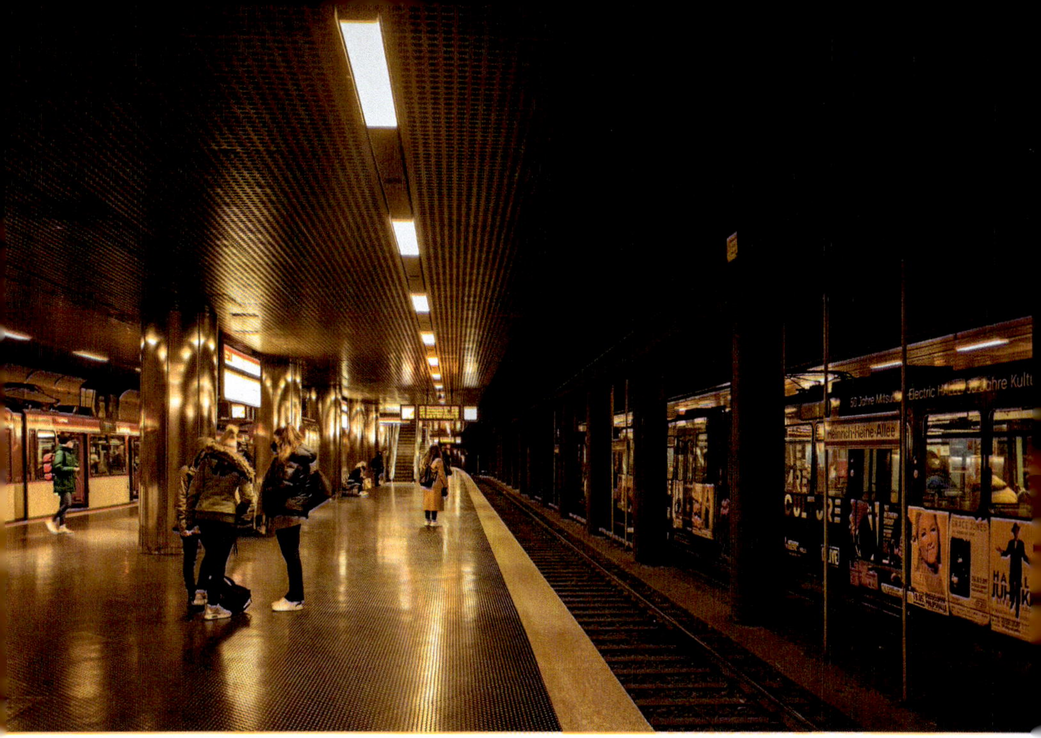

▲ *Kunstlichtquellen wie auf diesem U-Bahnhof lassen sich für kreative Experimente sehr gut nutzen. Die Belichtung kann allerdings schwierig sein. Hier ging es noch aus der freien Hand, aber mit einem Stativ sind Sie bei schwierigen Lichtsituationen immer auf der sicheren Seite.*

DSLM, APS-C | ISO 1600 | 18,5 mm | f/2,8 | 1/28 Sek.

## JPEG+RAW im Kameramenü einstellen

Farbige Kunstlichtquellen lassen sich für kreative Experimente sehr gut nutzen. Die Belichtung kann allerdings schwierig sein. Fotografieren Sie daher in JPEG+RAW. So haben Sie mit der RAW-Aufnahme noch ausreichend Luft für Belichtungs- und Farbkorrekturen.

# 15.
# Lichter der Großstadt

**Streetfotografie am Abend oder in der Nacht bedeutet, dass man mit dem vorhandenen Licht nicht wählerisch sein darf. Straßenlaternen, beleuchtete Schaufenster, vorbeifahrende Autos – alles, was Licht macht, ist ein potenzieller Helfer beim Beleuchten von Menschen und Dingen. Die Kunst – und das Wort ist hier wirklich so gemeint – besteht darin, Lichtquellen und deren Wirkung zu erkennen.**

## Zusammenspiel von Formen und Licht

Ein kleiner, aber hilfreicher Tipp: Ich habe mir angewöhnt, die übliche menschliche Sicht auf die Dinge auszuschalten, indem ich mögliche Motive mit nur einem Auge betrachte. Dadurch geht die dreidimensionale Erfassung der Welt zum Großteil verloren und ich sehe die Umgebung eher wie auf einer Fotografie zweidimensional. Wenn Sie außerdem das Auge etwas zusammenkneifen und so die Welt ein wenig unscharf machen, erkennen Sie das viel einfacher.

## Lichtrichtung und Lichthöhe

Wie das Licht an einem Kamerastandort wirkt, hängt außer von der Perspektive immer auch von der Lichtrichtung und der -höhe ab. Je nachdem, von wo das Licht kommt, werden Teile des Motivs betont oder in ihrer Wirkung reduziert. Was hell ist, zieht die Blicke an, was im Dunkeln liegt, wird weniger wahrgenommen. Im Klartext: Die Schokoladenseite sollte gut beleuchtet sein.

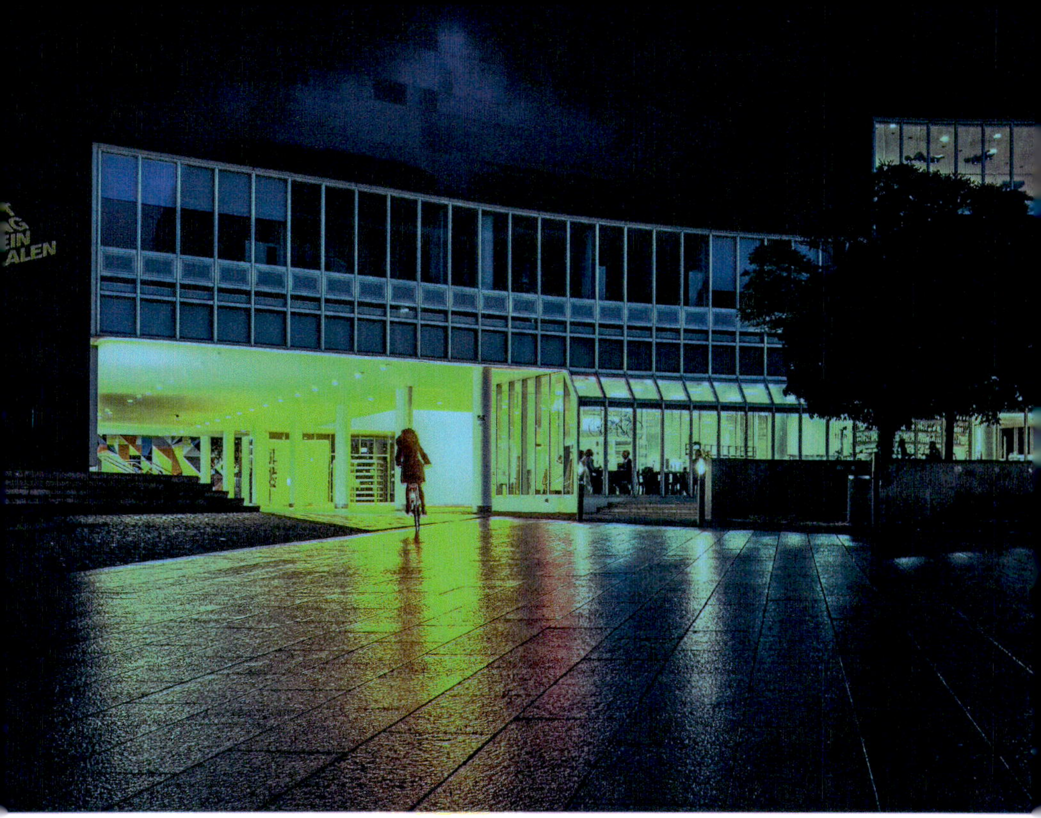

▲ *Viele Lichtquellen bringen städtische Szenen auch in der Nacht zum Leuchten. Hier die Beleuchtung am K20 in Düsseldorf. Die Kamera stand beim Auslösen auf einer Mauer.*

DSLM, APS-C | ISO 1600 | 18,5 mm | f/4,0 | 1/10 Sek.

# 16. Lichtspurbilder machen

**Klassiker im Themenkomplex Langzeitbelichtung sind Lichtspuren. Vorbeifahrende Autos, belebte Straßen oder die beleuchtete Großstadt - solchen Fotos liegt immer die gleiche Aufnahmetechnik zugrunde.**

## Lichtspuren einfangen

Sie brauchen einen vollgeladenen Akku, ein standfestes Dreibeinstativ und eine LED-Taschenlampe.

- Als Standort eignet sich entweder eine Brücke über einer viel befahrenen Straße oder ein Grünstreifen am Rand einer solchen. Achten Sie bei der Wahl des Standorts auf einen attraktiven Vordergrund und einen ebensolchen Hintergrund und vor allem darauf, dass Sie bei der Aktion den Straßenverkehr nicht gefährden.

- Richten Sie zuerst Ihr Stativ und die Kamera so auf die Lichter aus, dass das Stativ nicht wegrutschen kann und die Kamera fest auf dem Stativkopf sitzt.

- Dann stellen Sie an der Kamera Blende f/16 oder f/20 ein und wählen eine Belichtungszeit von 30 Sekunden.

- Sobald die Aufnahmesituation für Sie stimmt, drücken Sie den Auslöser. Handelt es sich um ein Auto, warten Sie, bis sich das Auto unmittelbar auf Höhe des Kamerastandorts befindet.

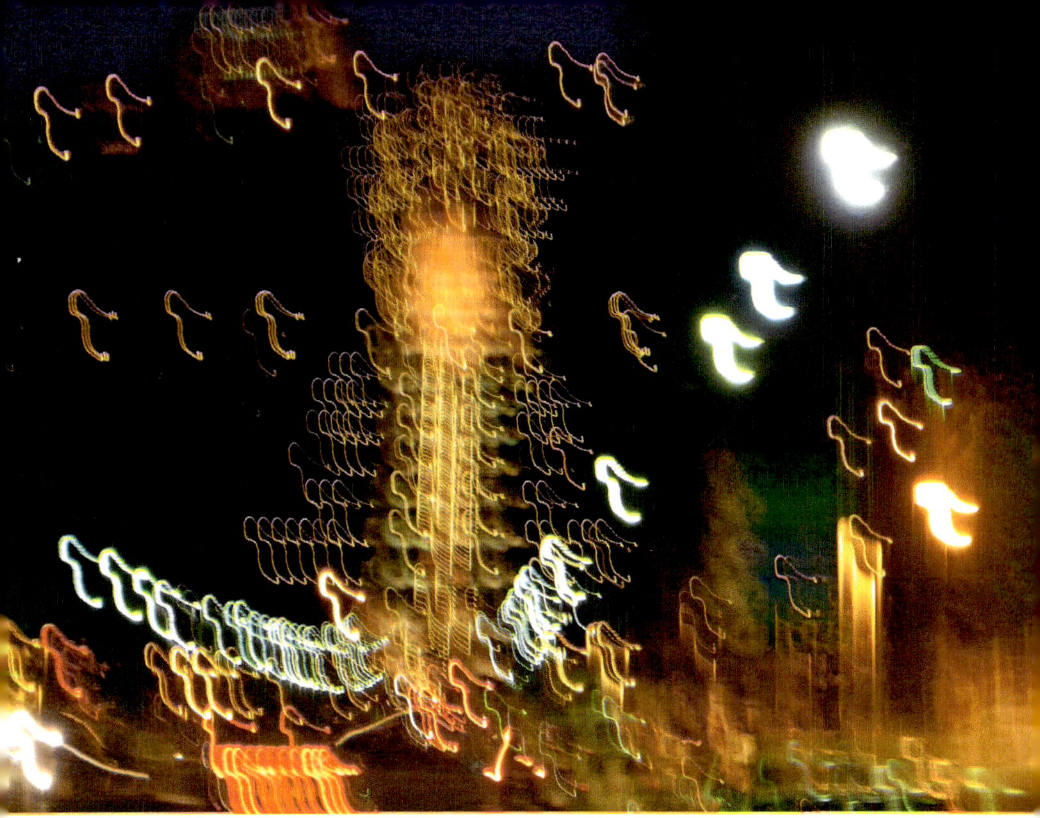

▲ *Es müssen nicht immer Autos sein, die Lichterspuren erzeugen. Alles, was Licht aussendet, ist grundsätzlich für Lichterspuren geeignet. Hier sieht man, dass die Spuren länger werden, je näher die Lichtquellen zur Kamera kommen.*

DSLM, APS-C | ISO 200 | 112 mm | f/4,9 | 1 Sek.

## So entsteht die Lichtspur

Man belichtet so lange, dass aus einer punktförmigen Lichtquelle durch ihre Eigenbewegung eine Lichtspur entsteht. Die Kombination mit statischen Objekten wie Gebäuden in einer Stadt oder der Landschaft bei Sternspuren macht den Reiz der Bilder aus und verdeutlicht Bewegungen, die man auf diese spezielle Weise sonst nicht wahrnehmen kann.

# 17. Taschenlampe statt Blitz

**Blitzen mit Taschenlampe? Nein, das ist nicht gemeint. Gemeint ist die LED-Taschenlampe als Hilfsmittel, um der Kamera die Arbeit zu erleichtern. Wenn Sie nachts in praktisch vollkommener Dunkelheit blitzen und dabei nicht auf den Autofokus verzichten wollen, braucht Ihre Kamera Unterstützung.**

Mit einer lichtstarken LED-Taschenlampe können Sie Spotlights setzen, Lichtspuren ziehen, Seitenlicht erzeugen, Light-Paintings machen und mehr. Gegenüber dem Einsatz von Blitzlicht ist das Handling von LED-Taschenlampen wesentlich unkomplizierter.

## LED-Taschenlampen mit farbigem Licht

Das Besondere an einigen LED-Taschenlampen ist, dass sie in den Farben Rot, Grün und Blau leuchten können.

- **Rot** – bei rotem Licht passt sich das Auge besser an das Sehen bei Dunkelheit an. Außerdem sorgt rotes Licht für einen starken Kontrast. Mit Rotlicht sehen Sie nachts schneller scharf und haben weniger Probleme mit Nachtblindheit.

- **Grün** – grünes Licht ist sehr weich und für die meisten Tiere nahezu unsichtbar. Deshalb reagieren sie weniger oder gar nicht darauf. Obendrein zieht es keine Insekten an.

- **Blau** – blaues Licht ist sehr mild und beeinträchtigt die natürliche Nachtsicht nicht. Es werden mehr Details und Farbunterschiede sichtbar als z. B. bei der Verwendung von rotem Licht. Blaues Licht hilft beim Auffinden von Spuren und Flüssigkeiten – z. B. Blut.

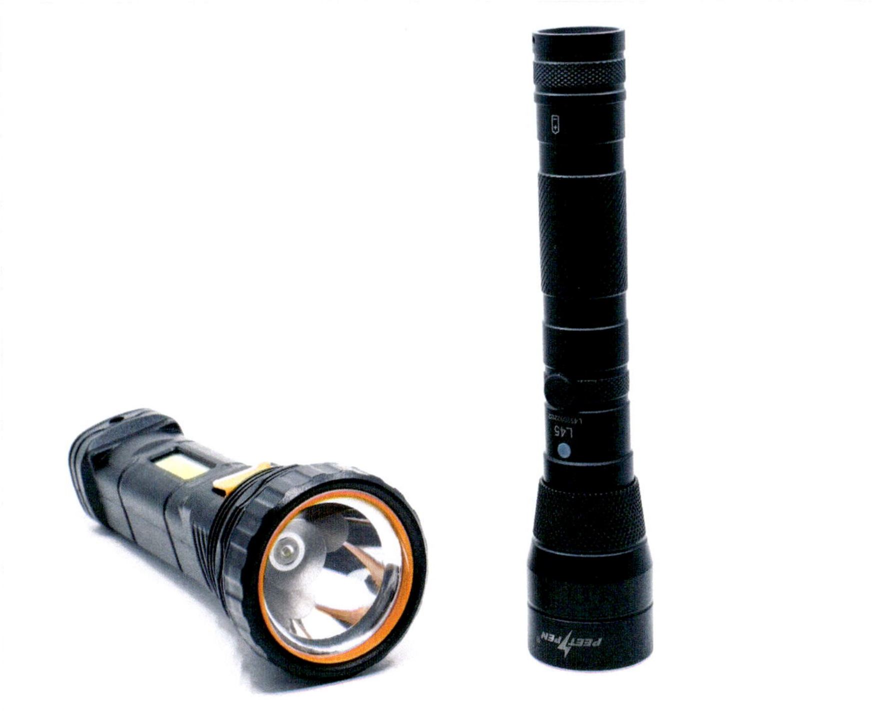

▲ *Links eine günstige NoName Taschenlampe aus Kunsstoff – eine Option, nur für den Notfall. Rechts sehen Sie die PEETPEN L45. Diese Taschenlampe ist sehr hell und zoombar. Sie besteht aus einer Aluminiumlegierung in Militärqualität, die robust und langlebig ist.*

DSLM, APS-C | ISO 640 | 30 mm | f/8 | 1/100 Sek.

## Flächenleuchten zum Aufhellen

Neben einer starken Taschenlampe empfehle ich auch eine LED-Flächenleuchte. Um kleinere Motive und deren Vordergrund ein wenig aufzuhellen, sind Flächenleuchten die erste Wahl. Es gibt sie in verschiedenen Größen günstig bei Amazon. Möchten Sie etwas mehr Geld in die Hand nehmen, dann legen Sie sich eine LED-Flächenleuchte zu, bei der Sie die Farbtemperatur einstellen können.

# 18. Light-Painting – Malen mit Licht

**Nachtaufnahmen kann man auf zwei Arten machen: entweder mit Blitz oder mit Langzeitbelichtung. Der Blitz friert Bewegungen ein. Sein größter Nachteil in der Nacht ist seine begrenzte Reichweite. Es ist also schwierig, mit Blitz mehr als ein in der Nähe befindliches Motiv auszuleuchten. Ein dunkler Hintergrund bleibt eher dunkel.**

Dieses Bild, angefertigt am Münchner Odeonsplatz, ist ein Beispiel für die Kombination von allen verfügbaren Lichtern am Aufnahmeort und dem Einsatz zweier LED-Taschenlampen. Der Fotograf steht hier in der Mitte der Feldherrnhalle und eine zweite Person richtet das Taschenlampenlicht auf den mittleren Teil der Gebäudefassade.

## Malen mit der Taschenlampe

Eine Langzeitbelichtung dagegen, bei der der Verschluss lange geöffnet bleibt, um das wenige vorhandene Licht einzufangen, ist knifflig, da man nicht immer weiß, wie sich das vorhandene Licht letztlich im Bild auswirkt.

Ein Trick, um z. B. ein Gebäude oder ein interessantes Landschaftsdetail in der Nacht zu beleuchten, besteht in der Kombination von Langzeitbelichtung und Taschenlampenlicht – man nennt das auch Light-Painting.

- Montieren Sie dazu die Kamera auf ein Stativ und arbeiten Sie mit der Langzeitbelichtung, die mit B (Bulb) bezeichnet wird.

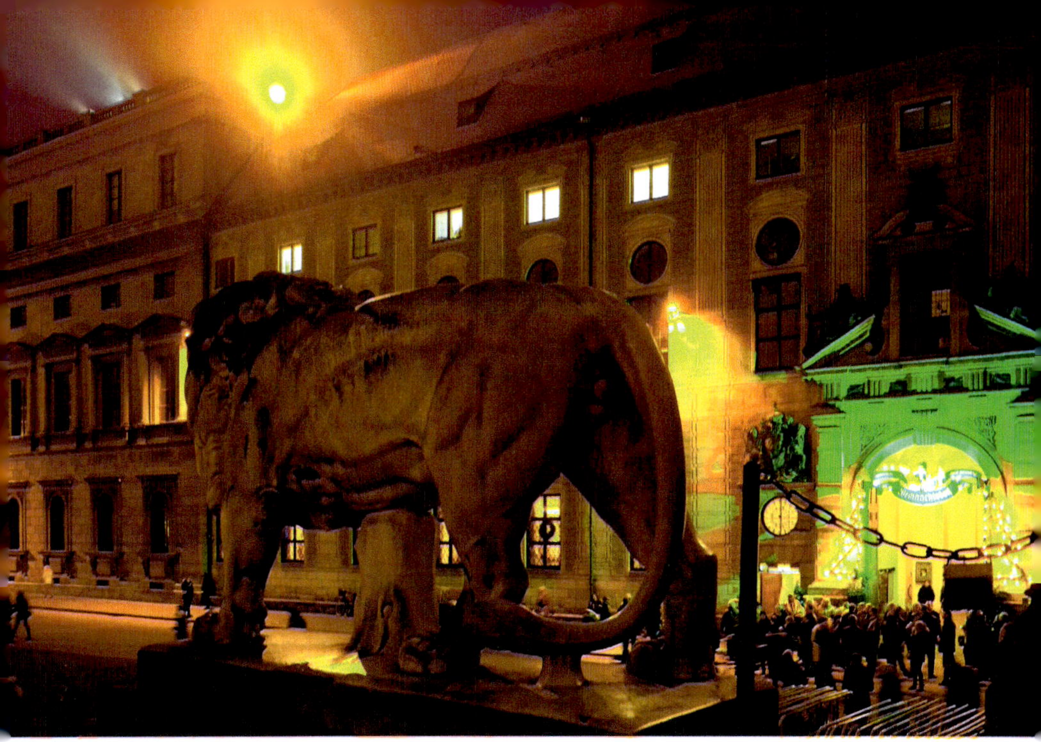

▲ *Mit den verfügbaren Lichtern vor Ort und einer starken Taschenlampe lassen sich in der Nacht alle möglichen Motive „bemalen", wenn man die Kamera auf ein Stativ stellt und länger belichten lässt.*

DSLM APC-C | ISO 800 | 18 mm | f/2,8 | 1/7 Sek.

- Stellen Sie für den ersten Versuch Blende 8 bei ISO 200 ein und beginnen Sie, nachdem Sie den Auslöser gedrückt haben und so halten, das Motiv mit der Taschenlampe zu bemalen.
- Sehen Sie sich das erste Bild an und variieren Sie, falls nötig, die Blende oder den ISO-Wert. Ist die Lichtwirkung zu gering, probieren Sie es z. B. mit ISO 400 oder ISO 800.

# 19.
# Mitziehen bei schneller Bewegung

Sie kennen die Technik des Mitziehens noch nicht? Das Mitziehen führt zu Aufnahmen, wie Profis sie regelmäßig von vorbeirasenden Autos, Fahrrädern, Motorrädern oder Läufern machen. Dabei wird die Kamera auf ein Motiv gerichtet und der Autofokus stellt kontinuierlich scharf. Das Motiv wird dann mit der Kamera verfolgt (mitziehen), wodurch es im besten Fall scharf abgebildet wird und der Hintergrund aufgrund der Bewegung der Kamera verwischt.

## Kamera oder Objektiv mit Bildstabilisator

Wenn Sie eine Kamera bzw. ein aktuelles Objektiv mit Bildstabilisator verwenden, werden Kamerabewegungen beim Verschwenken und Mitziehen sehr gut ausgeglichen. Das bedeutet, dass vertikale sowie rollende Kamerabewegungen, die beim Mitziehen auftreten, kompensiert werden, um das verfolgte Motiv in der Schärfe zu halten. Natürlich ist die Fehlerquote bei solchen Bildern sehr hoch, aber in der Regel genügt ja schon eine Aufnahme einer interessanten Szene, um den Fotografen glücklich zu machen.

## Und mit kurzer Verschlusszeit

Arbeiten Sie mit dem Aufnahmeprogramm Blendenautomatik/Zeitvorwahl (je nach Kamerasystem T, Tv oder S). Stellen Sie eine kurze Verschlusszeit von 1/250 Sekunde oder weniger ein, damit das Motiv, das Sie mit der Kamera verfolgen, scharf abgebildet wird. Je mehr Erfahrung Sie gewinnen, desto länger können die Verschlusszeiten sein und desto dramatischer wird der Effekt.

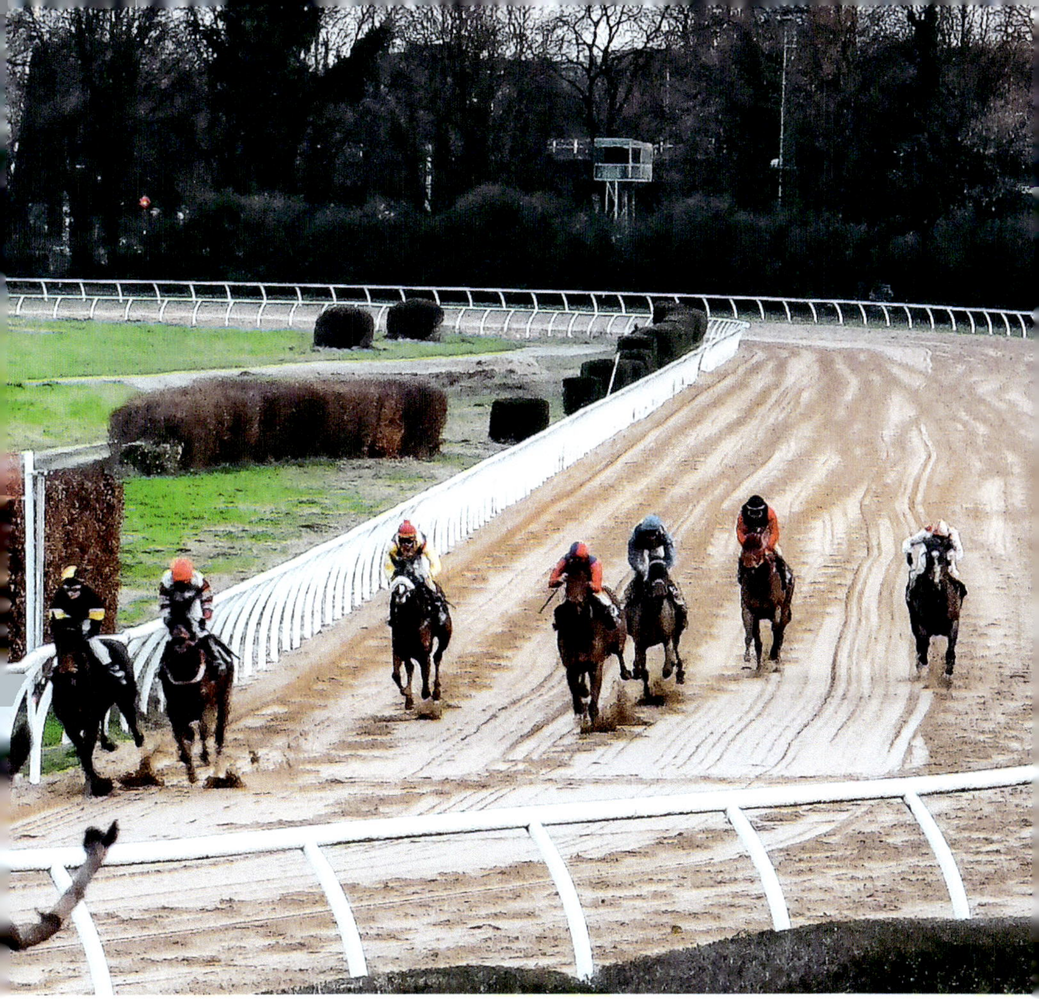

▲ *Einlauf auf der Zielgeraden. Beim Mitziehen kommt es darauf an, dass Sie das Hauptmotiv im Fokus behalten. Hier sind es sogar sieben Hauptmotive, die mit der Kamera scharf eingefangen werden müssen.*

DSLM, APS-C | ISO 400 | 28 mm | f/8,0 | 1/60 Sek.

# 20. Freistellen zweimal anders

**Von Freistellen spricht man, wenn man ein Motiv beim Fotografieren durch Unschärfe optisch vom Hintergrund löst. Dieser Effekt, bei dem das Motiv scharf und der Hintergrund unscharf sind, ist mit Porträtbrennweite und geringem Abstand zwischen Kamera und Motiv sowie offener Blende (kleiner Blendenwert) am stärksten. Brauchen Sie das Motiv ganz ohne Hintergrund, hilft nur das Freistellen via Bildbearbeitung.**

## Was man alles freistellen kann

Ein Gesicht vor unscharfem Hintergrund ist ein Klassiker für das Freistellen. Aber grundsätzlich ist alles, was man mit längerer Brennweite bei relativ geringem Abstand fotografiert, ein Freistellmotiv. Dieser Effekt wird oft angewendet, um unruhige Hintergründe auszublenden. Man arbeitet mit extrem langen Brennweiten und versucht, seinen Motiven so nah wie möglich zu kommen, um den Unschärfeeffekt so stark wie möglich zu gestalten.

## Freisteller ganz ohne Hintergrund

Motive ganz ohne Hintergrund freizustellen, geht nur in der Bildbearbeitung. Aber das ist nicht immer einfach. Die Lösung ist, das Foto zu einem professionellen Freistelldienst im Internet zu geben, wie **3WFREISTELLEN**, den Sie unter der URL **freistellen.de** schnell finden. Dieser Dienst bietet einen kostenfreien Test an, den Sie nutzen sollten. Nachdem Sie sich mit dem Anbieter in Verbindung gesetzt haben, erhalten Sie eine Bestätigungs-E-Mail mit Zugangsdaten zum Upload der Bilder. Nach der Bearbeitung erhalten Sie einen Link zum Download der fertigen Daten. Das alles geschieht in weniger als 24 Stunden, die Preise sind günstig und die Ergebnisse hervorragend.

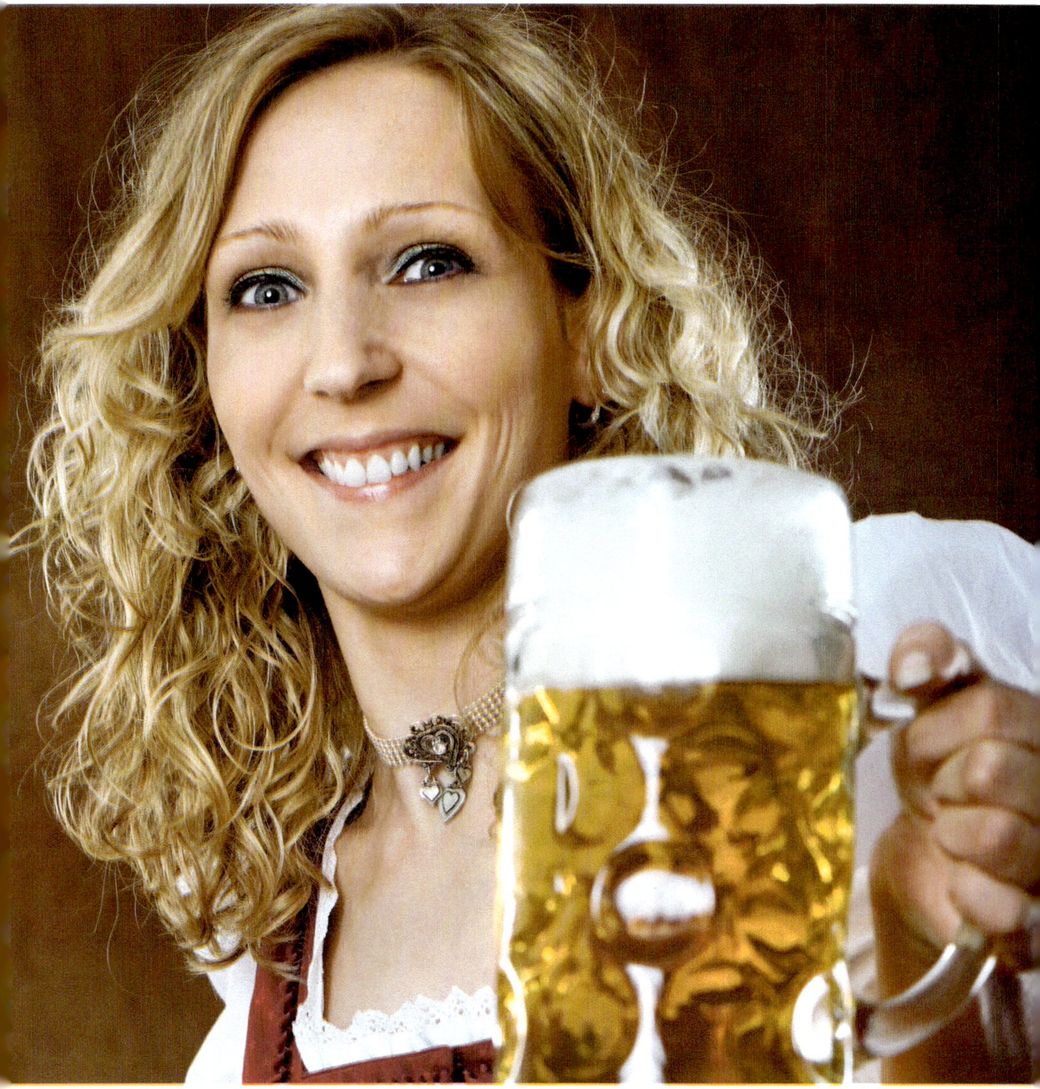

▲ *Um Menschen bei Porträtfotos vom Hintergrund zu lösen, fotografiert man mit langer Brennweite und weit geöffneter Blende (kleinem Blendenwert). Hier wurde die Blende so gewählt, dass der Maßkrug im Vordergrund unscharf wird und so nicht vom Model ablenkt. (Foto: Christian Haasz)*

DSLR Vollformat | ISO 100 | 85 mm | f/6,3 | 1/250 Sek.

# 21.
# Freistellen mit dem Smartphone

**Smartphones besitzen normalerweise sehr weitwinklige Objektive, mit denen es aufgrund technischer Gegebenheiten schwierig ist, Motive wie in der klassischen Fotografie freizustellen.**

## Gehen Sie ganz nah ran

Es hilft nur, sehr nah an das Motiv heranzugehen. Denn auch ein sehr geringer Abstand zum Motiv ist ein Faktor, um den weiter entfernten Hintergrund in Unschärfe verschwimmen zu lassen. Dass dann durch die kurze Brennweite Motive eher verzerrt werden, muss man in Kauf nehmen.

Mit den aktuellen iPhones und dem Porträtmodus gelingt die Freistellung von Menschen fast noch besser als mit großen Kameras.

### Achtung! – Das Recht am eigenen Bild

Das Recht am eigenen Bild ist in Deutschland gesetzlich genau geregelt. Ohne ausdrückliche Zustimmung der abgebildeten Person dürfen Sie kein Foto veröffentlichen, sofern diese Person nicht nur zufälliges Beiwerk z. B. einer Straßenansicht ist. Eine unautorisierte Veröffentlichung kann Sie unter Umständen in Teufels Küche bringen.

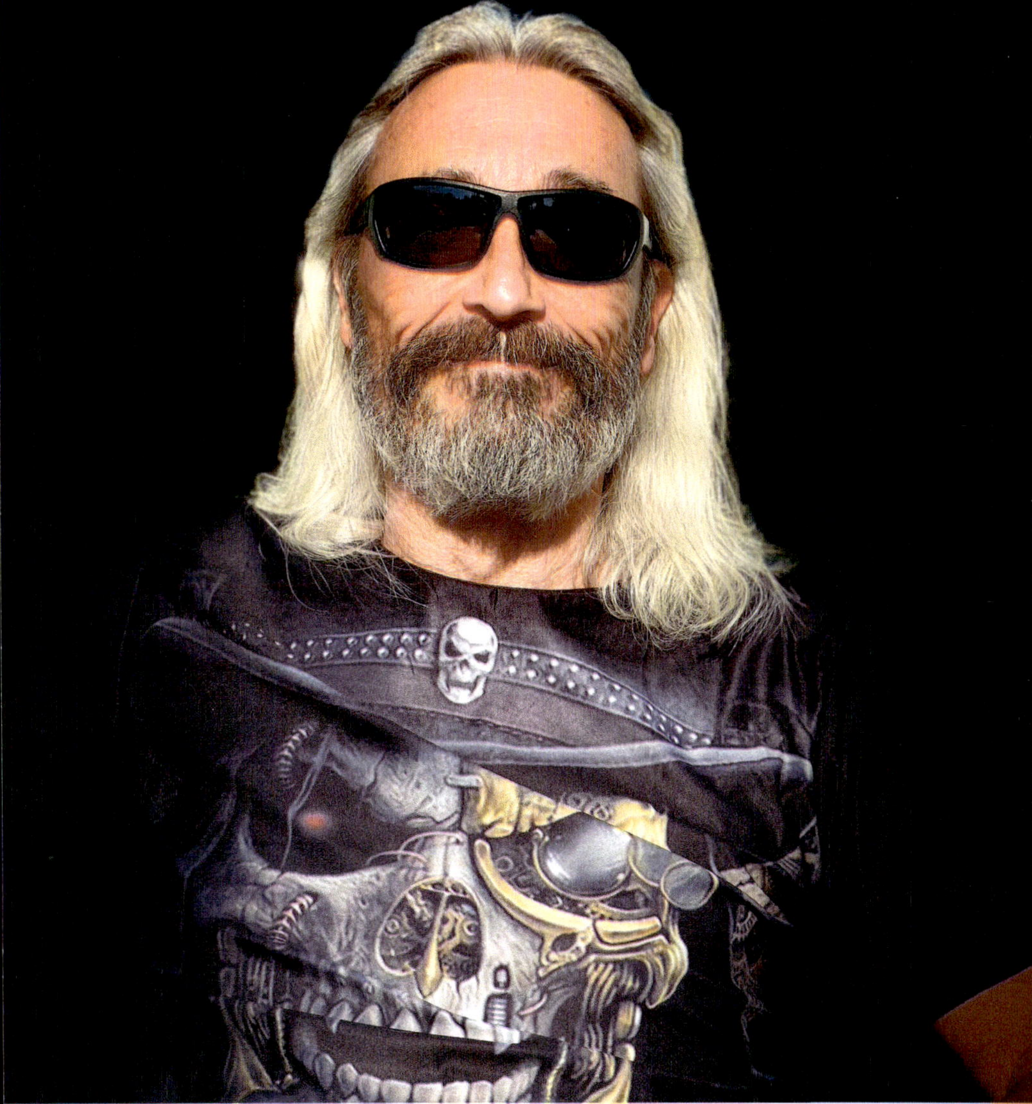

▲ *Porträtieren Sie Menschen bei dem, was sie tun, authentisch und lebensnah. Point-and-shoot mit dem iPhone im Porträtmodus.*

iPhone | ISO 20 | 6 mm | f/2 | 1/1000 Sek.

# 22. Farben verstärken mit Polfilter

**Wenn Sie draußen unterwegs und auf der Suche nach Farbkontrasten in der Landschaftsfotografie sind, sollten Sie immer einen Polfilter dabeihaben. Dieser Filter verstärkt Farben je nach Stand der Sonne ganz enorm. Die Sättigung wird erhöht, sodass blauer Himmel oder grüne Wiesen deutlich knackiger wirken als ohne den Filter.**

Polfilter gibt es wie andere Filter auch in verschiedenen Größen für jeden erdenklichen Objektivdurchmesser. Viele Profis verwenden Steckfiltersysteme, bei denen vor die Linse des Objektivs ein Haltesystem geschraubt wird, in das rechteckige Filter geschoben werden. Das ist sehr professionell und variabel, aber auch sehr teuer.

## Zirkulare und lineare Polfilter

Polarisationsfilter gibt es in zwei Ausführungen: zirkular und linear. Für die digitale Fotografie ist nur der zirkulare Typ verwendbar. Der Effekt des Polfilters – er lässt nur Licht bestimmter Schwingungsrichtungen hindurch – zeigt sich durch erhöhte Farbsättigung und das Eliminieren von Spiegelungen und Reflexionen. Fotografieren Sie eine Schaufensterscheibe aus einem Winkel von 45°, lässt sich die Spiegelung der Scheibe nahezu komplett ausblenden und Sie haben freien Blick in die Auslage.

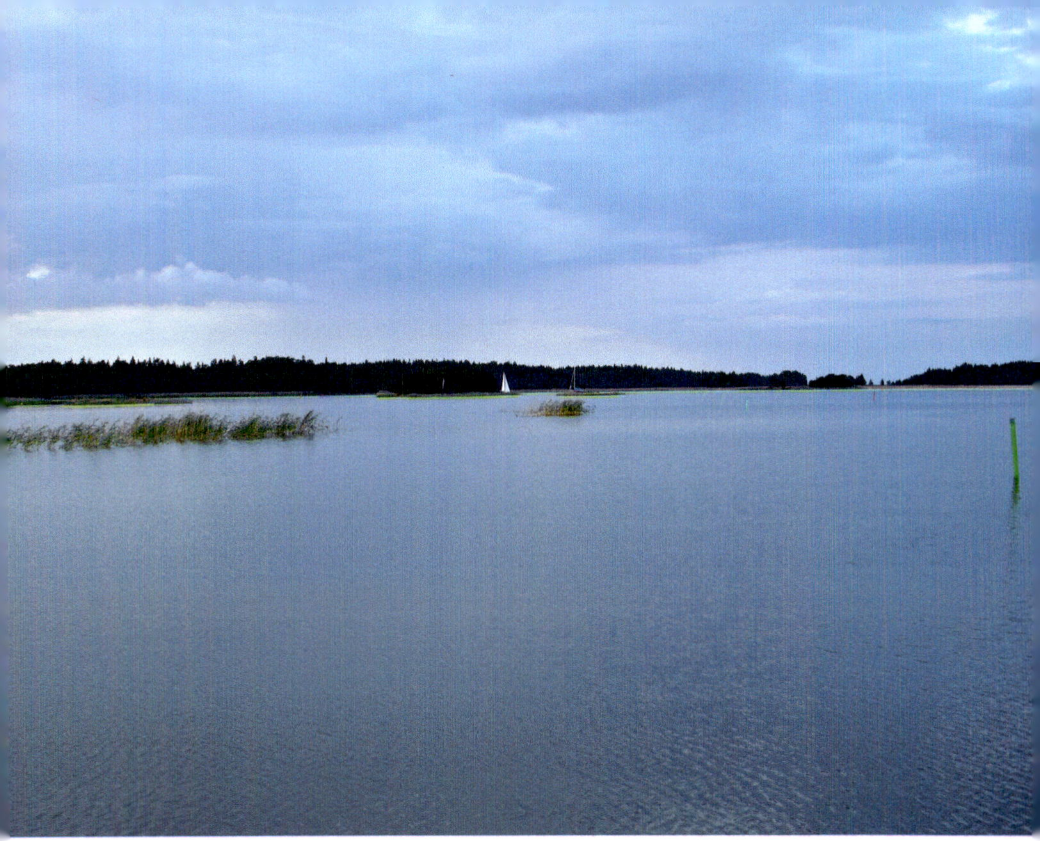

▲ *Satte Farben erzielt man zwar auch mit der Bildbearbeitung, mit einem Polfilter vor dem Objektiv werden aber schon die Originale beeindruckend farbig und kontrastreich.*

DSLM, MFT | ISO 100 | 25 mm | f/5,6 | 1/125 Sek.

Mit Wasseroberflächen funktioniert das genauso. Sie können also den sich spiegelnden Himmel fast komplett ausblenden und tief unter die Wasseroberfläche sehen. Besonders beeindruckend ist der Polfilter jedoch in der Landschaftsfotografie. Blauer Himmel wird durch den Filter, richtig eingesetzt, noch satter, die Wolken werden durch den erhöhten Kontrast noch greifbarer. Die Wirkung des Filters ist dann am besten, wenn Sie die Sonne schräg hinter sich haben. Je mehr Sie sich zur Sonne drehen, desto weniger wirksam ist der Filter beim Himmel.

# 23. Samtenes Wasser mit dem iPhone

**Je kürzer die Verschlusszeit, desto schärfer erfasst die Kamera Bewegungen. Einen aufspritzenden Wassertropfen kann man mit der richtigen Technik quasi in der Bewegung einfrieren. Umgekehrt lässt sich fließendes Wasser mit langen Verschlusszeiten samtweich machen. Das sieht bei Wasserfällen oder Gewässern immer ziemlich beeindruckend aus. Dazu brauchen Sie aber keine teure Profiausrüstung, denn es geht auch mit dem iPhone.**

## In nur drei Schritten

Live Photos ist eine Funktion auf dem iPhone, die mehr kann, als nur drei Sekunden lange Minifilmchen aufzuzeichnen. Suchen Sie ein Motiv in Ihrer Umgebung, das in ständiger Bewegung ist, z. B. ein Bach, ein See oder wie in diesem Beispiel ein Wasserstrudel im Neuss-Düsseldorfer Rheinhafen.

Fokussieren Sie das Motiv und halten Sie die Kamera für die Dauer der Aufnahme absolut ruhig – 1,5 Sekunden lang. Dabei erstellt die Kamera mehrere Bilder, die im zweiten Schritt zu einer Langzeitbelichtung konvertiert werden.

Öffnen Sie dann das Live-Bild in der Fotos-App. Links oben im Bildschirm sehen Sie den Button LIVE, hinter dem sich ein Drop-down-Menü versteckt. Ein Touch auf LIVE öffnet das Menü. Im Drop-down tippen Sie jetzt auf den Eintrag Langzeitbelichtung und die Live-Fotos werden nun zu einer Langzeitbelichtung konvertiert. Alles, was sich im ursprünglichen Motiv bewegt hat, wird jetzt als Bewegungsunschärfe angezeigt.

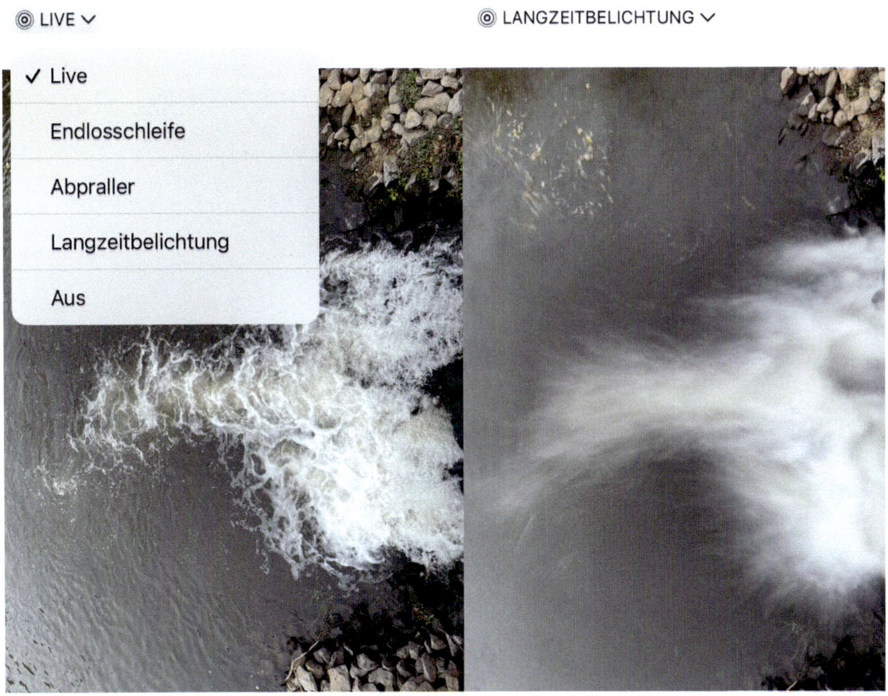


▲ *Langzeitbelichtung eines Wasserstrudels im Neuss-Düsseldorfer Rheinhafen.*

iPhone Langzeitbelichtung, aus der Hand

## Stativ & Fernauslöser

Wenn Sie Gefallen an Langzeitbelichtungen finden, sollten Sie immer ein kleines, aber stabiles Smartphone-Stativ mit dabeihaben. Damit lassen sich Erschütterungen vermeiden und die Fotos bleiben scharf. Und mit einem Bluetoothfernauslöser wird das Auslösen besonders komfortabel. Der Fernauslöser verhindert Unschärfen durch Erschütterungen, die beim Tippen auf den Auslösebutton am Smartphone entstehen können. Im Notfall hilft auch der Selbstauslöser weiter.

# 24.

# Machs aus Sicht der Vögel

Fotografieren Sie nicht aus der Frosch- sondern im Gegenteil aus der Vogelperspektive, wirken Menschen und Objekte klein, zuweilen zerbrechlich. Besonders deutlich empfindet man den Reiz der Vogelperspektive, wenn man größere Objekte, wie Gebäude und Landschaften, von oben aufnimmt – übrigens eine tolle Möglichkeit, sein Urlaubsalbum aufzuwerten.

## Über dem Geschehen

Aus der Vogelperspektive bedeutet in erster Linie, dass Sie sich mit der Kamera deutlich über dem Geschehen befinden und von oben nach unten fotografieren. Das kann von einer Balustrade aus geschehen, von einer Brücke oder einem Turm herab, aus dem Fenster oder einfach stehend, wenn Sie ein kleines Motiv auf dem Boden ablichten. Die Vogelperspektive macht Dinge oder Menschen unbedeutend, klein und manchmal zerbrechlich.

## Miniatureffekt im Spielzeugland

Wenn Sie in eine Großstadt fliegen, machen Sie Fotos aus dem Flugzeug und stellen diese Aufnahmen im Album denen gegenüber, die in den Straßen aus der Froschperspektive geschossen wurden. Auch hohe Gebäude, Türme und Brücken, Berge und Hügel sind hervorragende Standorte für einen Blick von oben. Dabei kommt es darauf an, ein Motiv, das die Entfernung und den eigenen Standpunkt verdeutlicht, in den Bildaufbau einzubeziehen.

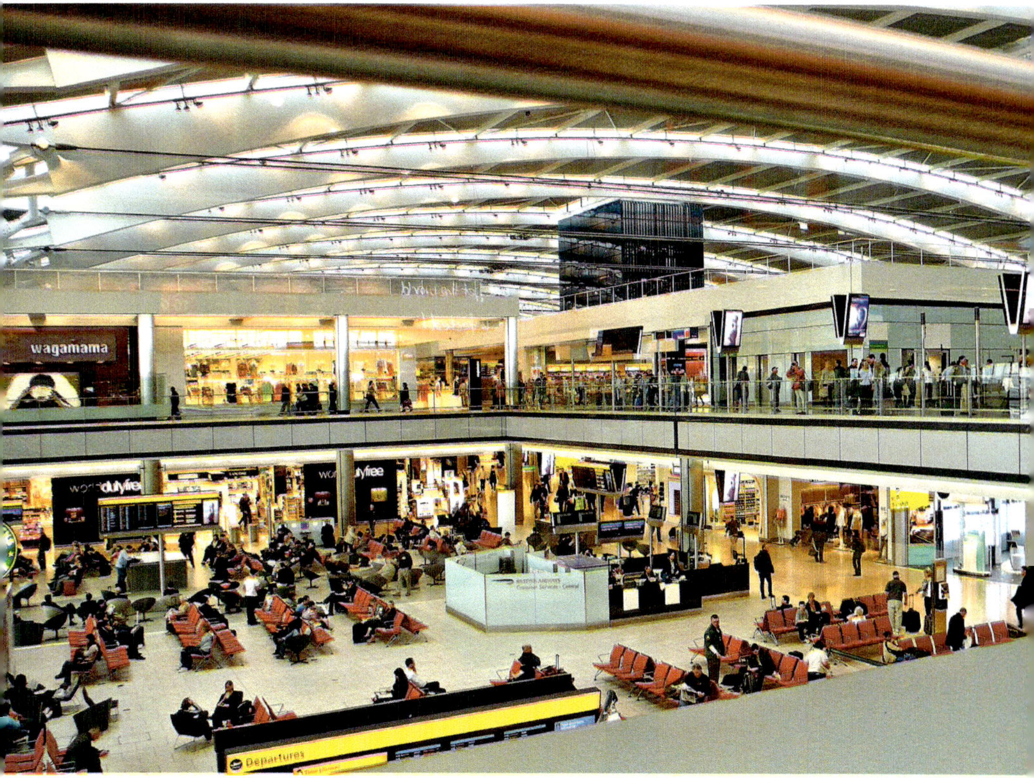


▲ *Fotografiert von einer höher gelegenen Balustrade am Flughafen London Heathrow.*

DSLM, MFT | ISO 200 | 112 mm | f/4,9 | 1 Sek.

## Für außergewöhnliche Bilder

Wenn Sie die Möglichkeit haben, senkrecht von oben zu fotografieren, tun Sie es. Die Vogelperspektive ist immer wieder für außergewöhnliche Bilder gut.

# 25.
# Aus Sicht des Frosches

**Wenn Sie gegenüber Ihrem Motiv einen besonders tiefen Blickpunkt einnehmen, die Perspektive also vertikal nach unten variieren, spricht man von der Froschperspektive. Alles, was Sie fotografieren, wirkt dann viel größer. Je näher Sie sich am Motiv befinden, desto stärker wirkt der Effekt.**

Besonders interessant ist die Froschperspektive immer dann, wenn Sie Objekte ablichten, von denen der Betrachter weiß, dass sie eigentlich sehr klein sind. Zugegeben, das ist bei dieser Skulptur (Graf v. Tilly) an der Feldherrnhalle am Münchner Odeonsplatz nicht der Fall.

## Spannung mit stürzenden Linien

Nicht immer ist die Froschperspektive eine Frage der bewussten gestalterischen Entscheidung. Fotografieren Sie z. B. in der Häuserschlucht einer Großstadt, bleibt Ihnen oft keine andere Perspektive übrig. Das kann einerseits reizvoll sein, um die Größe der Gebäude zu verdeutlichen, andererseits führt diese Art der Perspektive unweigerlich zu einer schrägen Darstellung eigentlich senkrecht in den Himmel ragender Gebäude.

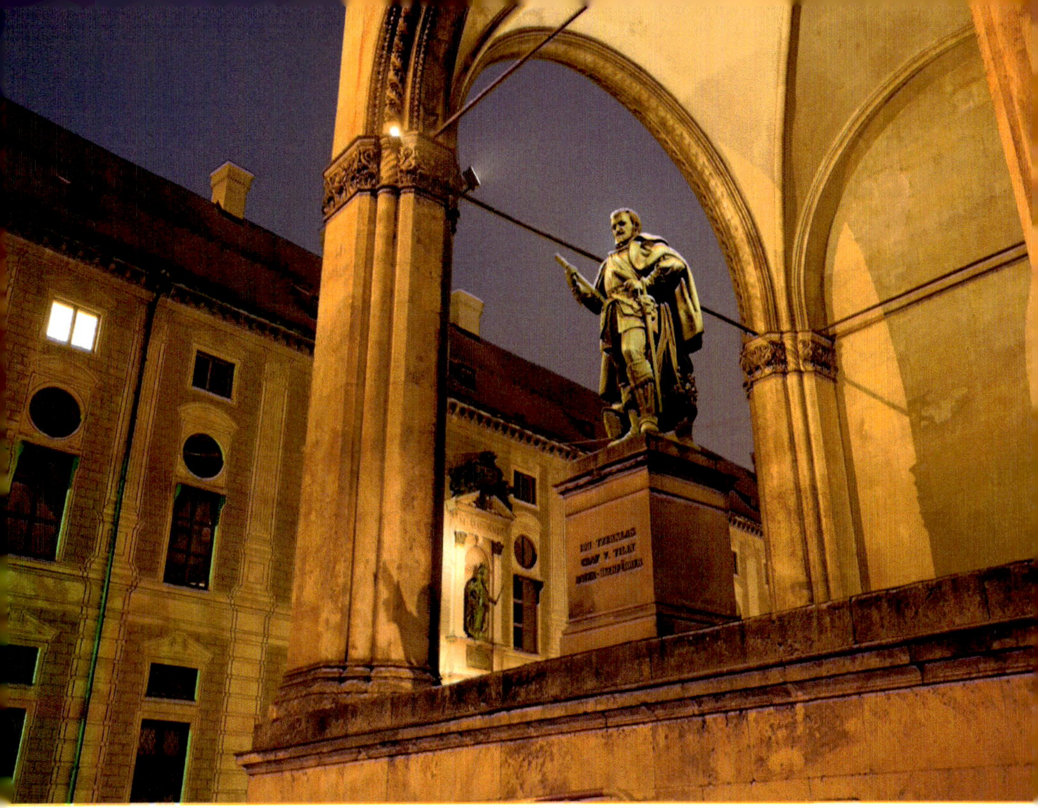

▲ *An einem Dezemberabend vor der Münchner Feldherrnhalle. Aufgenommen aus der Froschperspektive, unterhalb der Skulptur.*

DSLM, APS-C | ISO 640 | 18,5 mm | f/11 | 1/100 Sek.

## Perspektiven und Wirkung

In der Bildgestaltung kommt es fast immer auf die Perspektive an. Sie können diese sowohl horizontal als auch vertikal verändern. Der bewusste Einsatz von Perspektiven erlaubt es dem Betrachter, etwas eigentlich Bekanntes plötzlich aus einer ungewöhnlichen Sicht zu erleben und so einen neuen Blickwinkel auf das Motiv zu gewinnen.

# 26.
# Farben als Stilmittel nutzen

**Während Farbkontraste starke, ins Auge springende und aufregende Bilder erzeugen, kann man mit eher pastelligen und sanften Farbkompositionen Ruhe, Weite und Gelassenheit ausdrücken.**

Würde man zwei unterschiedliche Farbbilder nebeneinander präsentieren, zöge natürlich das kontrastreichere die meisten Blicke auf sich. Die ruhigere Farbgestaltung wirkt aber möglicherweise länger nach, wenn man sich darauf einlässt und die Tiefe eines solchen Fotos auf sich wirken lässt.

## Sanfte Farben

Während Farbkontraste starke, ins Auge springende und aufregende Bilder erzeugen, kann man mit eher pastelligen und sanften Farbkompositionen Ruhe, Weite und Gelassenheit ausdrücken. Würde man zwei so unterschiedliche Farbbilder nebeneinander präsentieren, zöge natürlich das kontrastreiche die meisten Blicke auf sich. Die ruhigere Farbgestaltung wirkt aber möglicherweise länger nach, wenn man sich darauf einlässt und die Tiefe eines solchen Fotos auf sich wirken lässt.

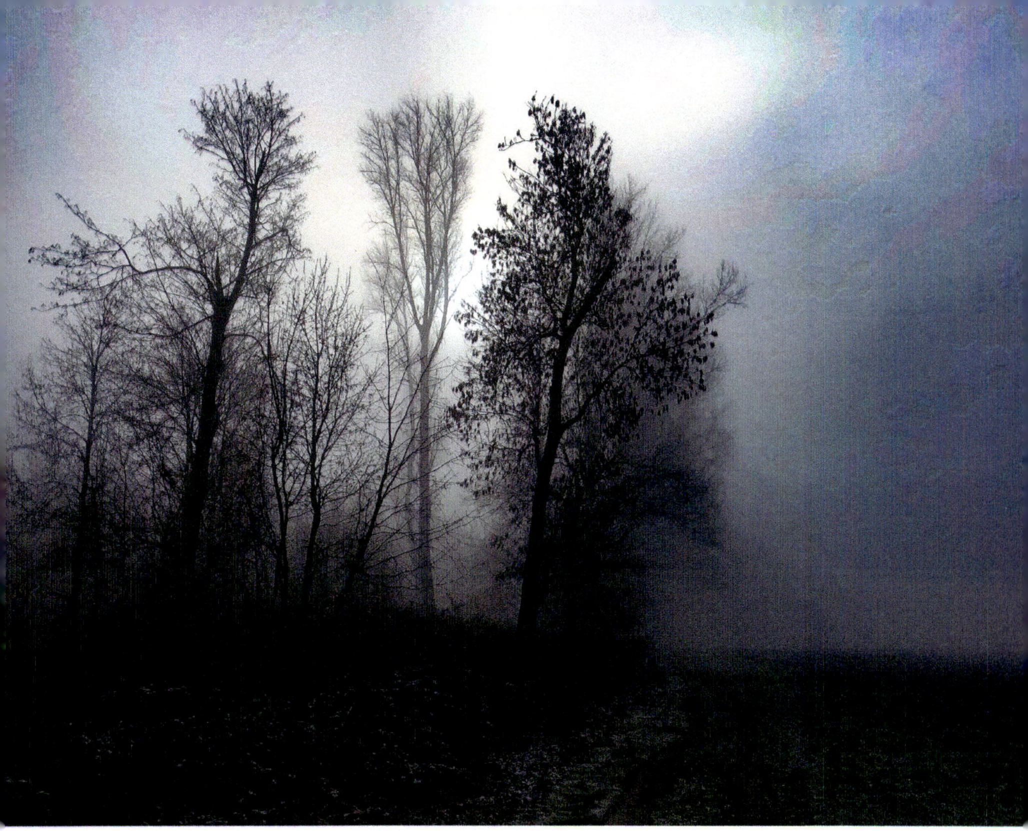

▲ *Ein ruhiger Herbstmorgen am Waldrand.*

iPhone, Hipstamatic 354

## In der Ruhe liegt die Kraft

Ein großer Schritt zum perfekten Foto ist die Einbeziehung von Farben in die Bildkomposition. Wollen Sie Ruhe ausdrücken, wählen Sie für Ihre Kompositionen eher Farben aus, die sich nicht allzu sehr voneinander unterscheiden und auf dem Farbkreis nah beieinanderliegen. Ein Bild mit diesen Zutaten wirkt beruhigend auf den Betrachter. Melancholische Landschaften, wie dieses Beispielbild, setzen sich oft aus zarten Pastellfarben zusammen, die eine wunderbar ruhige Stimmung transportieren.

# 27. Symbolhafte Farben nutzen

**Gehen wir mit diesem Hack einen Schritt weiter. Farben sind symbolhaft, man kann mit ihnen Gefühle ausdrücken, Kontraste schaffen, Aussagen unterstützen und Dinge hervorheben. Versuchen Sie, die Welt in Farben zu sehen, und finden Sie heraus, was Ihren Blick anzieht. Eben das sind die Motive, die man unbedingt mit der Kamera festhalten muss.**

## Symbolhafte Farben

Einzelne farbige Motive sind vor allem dann spannend, wenn sie herausstechen. Das geschieht entweder, weil die Umgebung eher farblos ist, wie bei einem roten Regenschirm in einer Masse aus schwarzen, oder bei einem starken Farbkontrast. Stellen Sie sich eine leuchtend gelbe Sonnenblume vor knackig blauem Himmel vor, dann wissen Sie, was mit Farbkontrast gemeint ist.

Flächen, die neben- oder ineinander stehen, sind eher grafischer Natur und man wird nicht unbedingt auf ein einzelnes Detail gelenkt. Ein gelbes Rapsfeld vor blauem Himmel ist ein starkes Motiv, bei dem Farben kontrastieren und sich ergänzen. Je nachdem, wie man die Flächen gewichtet – mehr Himmel oder mehr Raps oder beides gleich stark –, hat man eine mehr oder weniger starke grafische Wirkung, die den Blick nicht auf bestimmte Bereiche lenkt, sondern vom Farbspiel lebt.

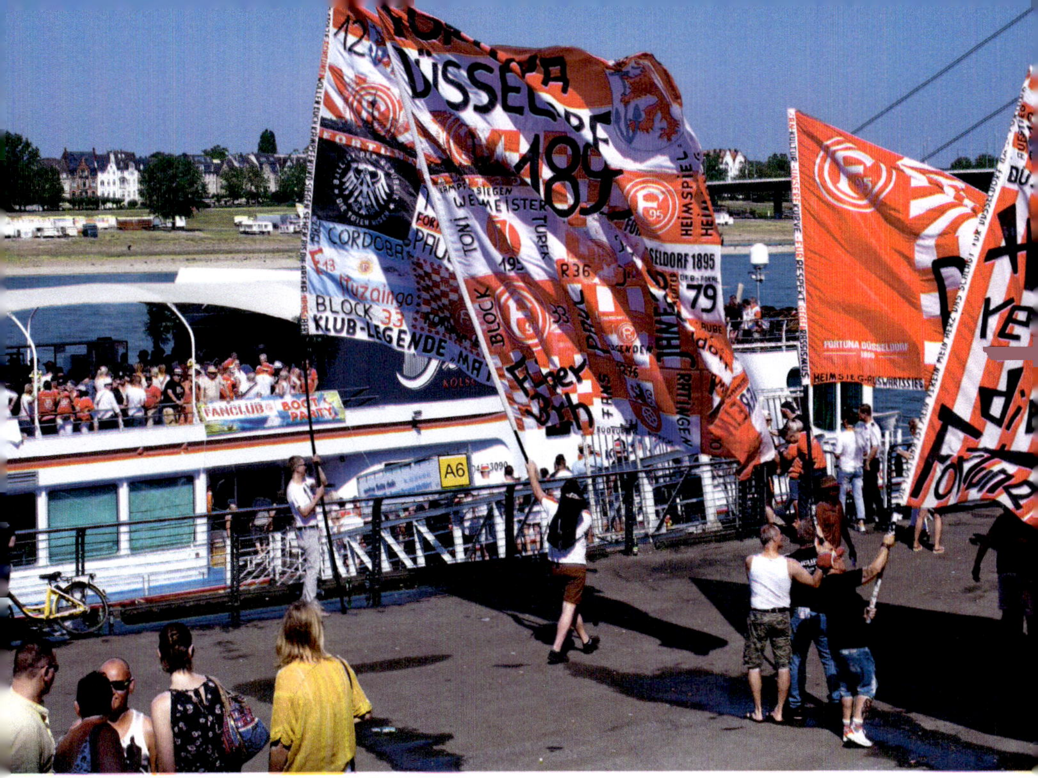


▲ *Von allen Farben ist Rot am aufdringlichsten. Wenn einem Motiv ein echter Blickfang fehlt, können rote Farbtupfer wahre Wunder bewirken - hier die Fahnen der Fußballfans.*

DSLM, APS-C | ISO 200 | 27 mm | f/10 | 1/400 Sek.

## Farben und Emotionen

Farben und Emotionen sind eng miteinander verbunden. Warme Farben können andere Emotionen hervorrufen als kühle Farben und helle Farben können andere Gefühle hervorrufen als gedämpfte Farben. Es kommt ganz darauf an, wie die psychologische Wirkung von Farben genutzt wird. Beispiel: leuchtendes Rot, leuchtendes Gelb und Neongrün können anregend wirken und Sie wacher machen, können aber auch die Augen reizen. Diese Farben ziehen Ihre Aufmerksamkeit auf sich und heben sich von ihrer Umgebung ab.

# 28.
# Graukarte für präzise Farbwiedergabe

**Produktfotografen brauchen Graukarten wie die Luft zum Atmen. Korrekte Farben sind wichtig, wenn man Stoffe, Lackierungen oder Oberflächen genau wiedergeben muss. Aber auch als Foto-Enthusiast ohne kommerzielle Interessen sollte man wissen, wie man mit einer Graukarte und dem manuellen Weißabgleich umgeht.**

Müssen Sie Farben präzise reproduzieren, führt kein Weg am manuellen Weißabgleich vorbei. Dazu braucht die Kamera allerdings etwas Hilfe in Form einer farblich neutralen Fläche. Das kann eine weiße Fläche, aber auch eine graue sein, die keinen Farbstich enthält. Das Problem bei weißen Flächen ist, dass die meisten infrage kommenden einfachen Flächen wie Papier, eine Wand oder ein weißes Hemd eben doch einen minimalen Farbstich haben, der dem Auge nicht auffällt.

## Fotografieren mir Graukarte

Stellen oder halten Sie beim Fotografieren die Graukarte in eine Ecke des Bildausschnitts, sodass sie auf dem Foto gerade noch zu sehen ist. Der Bildrand mit der Graukarte wird später in Photoshop weggeschnitten. Achten Sie darauf, dass auf der Karte keine Lichtreflexe zu sehen sind, und kippen oder drehen Sie sie, falls nötig. Auf die Graukarte sollte das gleiche Licht fallen, das auch das Hauptmotiv beleuchtet. Machen Sie Ihr Foto entweder mit dem automatischen Weißabgleich oder einer seiner Voreinstellungen, die der neutralen Farbwiedergabe am nächsten kommt. Bei der Bildbearbeitung mit Photoshop können Sie mit dem Befehl **Gradationskurven** die abgebildete Graukarte als Referenz nutzen.

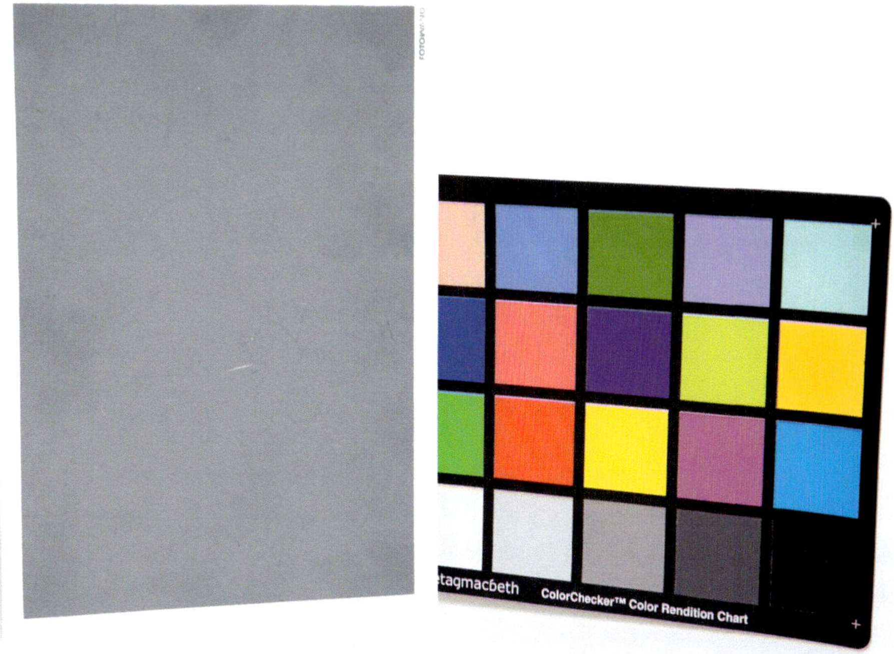


▲ *Mit einer Graukarte oder einer genormten Farbtafel hat man immer eine Farbreferenz, die man in der Bildbearbeitung zum Ausgleich der Farben nutzen kann. Für die Amateurfotografie genügt eine gute Graukarte vollkommen. (Foto: Christian Haasz)*

DSLR Vollformat | ISO 400 | 75 mm | f/8 | 1/2 Sek.

Laden Sie Ihr Referenzbild und stellen Sie die **Bildanzeige** auf **100 %**. Im Menü **Bild/Anpassungen** rufen Sie die Funktion **Gradationskurven** auf. Verschieben Sie das Bild so, dass Sie die Graukarte bzw. die mittelgraue Referenzfläche sehen können. Aktivieren Sie die mittlere der drei Pipetten unter dem Vorschaufenster der Gradationskurve. Jeder Punkt, den Sie mit der Pipette nun anklicken, wird in neutrales Grau umgewandelt. Photoshop gleicht jetzt die gesamten Farbinformationen so aus, dass die mit der Pipette angeklickte Stelle gleiche Anteile an Rot, Grün und Blau erhält. Ein Klick auf **OK** berechnet Ihr Foto mit den jetzt aktuellen Farbeinstellungen neu.

# 29.
# Mehrfachbelichtung ganz einfach

**Früher, mit analogem Filmmaterial, waren Mehrfachbelichtungen etwas wirklich Exklusives. Man musste ein Stück Film belichten, den Film manuell zurücktransportieren und an die gleiche Stelle eine zweite Belichtung eines weiteren Motivs setzen. Dazu war es wichtig, die Belichtungswerte im Kopf zu haben, damit das Resultat die richtige Helligkeit hatte.**

## Mehr als nur doppelt sehen

Im Gegensatz zu Analog- besitzen Digitalkameras einen entsprechenden Aufnahmemodus, mit dem Sie ganz einfach faszinierende Mehrfachbelichtungen erstellen können. Die Aufnahmen lassen sich mit einem Befehl im Kameramenü (in der Fuji MEHRFACHBELICHT.) auf ganz unterschiedliche Weise miteinander verrechnen, sodass eine große Anzahl faszinierender Looks entsteht.

## Mögliche Herangehensweisen

Entweder man versucht es mit ähnlichen Motiven oder man stellt komplett unterschiedliche Bilder zusammen. Auf jeden Fall ausprobieren! Üben Sie zuerst zu Hause, indem Sie zum Beispiel als erstes Foto eine Vase mit Blumen aufnehmen und danach ein zweites (eventuell auch ein drittes, viertes oder fünftes) Bild, das die Vase aus einer anderen Perspektive bzw. Entfernung zeigt. Man kann nur in etwa voraussagen, wie die Resultate aussehen werden, aber in dieser Unvorhersagbarkeit liegt der Reiz von Mehrfachbelichtungen.

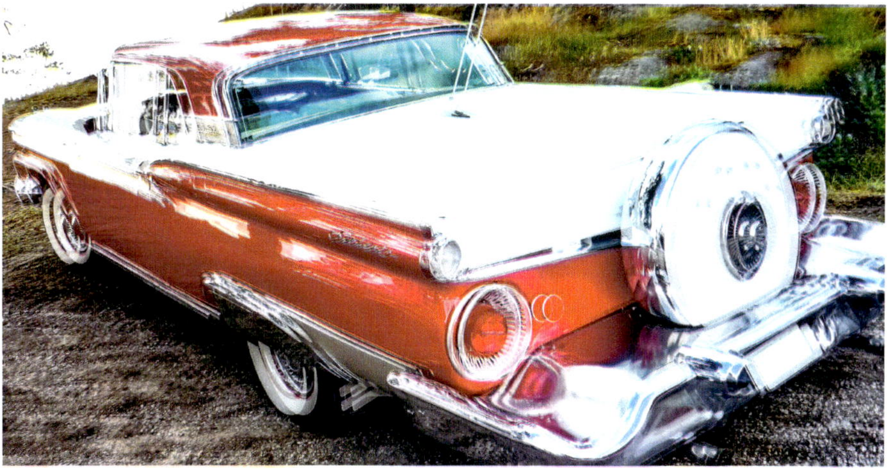

▲ *Mehrfachbelichtung, bestehend aus zwei Aufnahmen. Bei einem Oldtimertreffen in Schweden stand er plötzlich an einem Hang zum See vor mir: ein wunderschöner Ford Galaxie Skyliner, vermutlich Jahrgang 1959.*

DSLM MFT | ISO 80 | 18 mm | f/2,8 | 1/160 Sek.

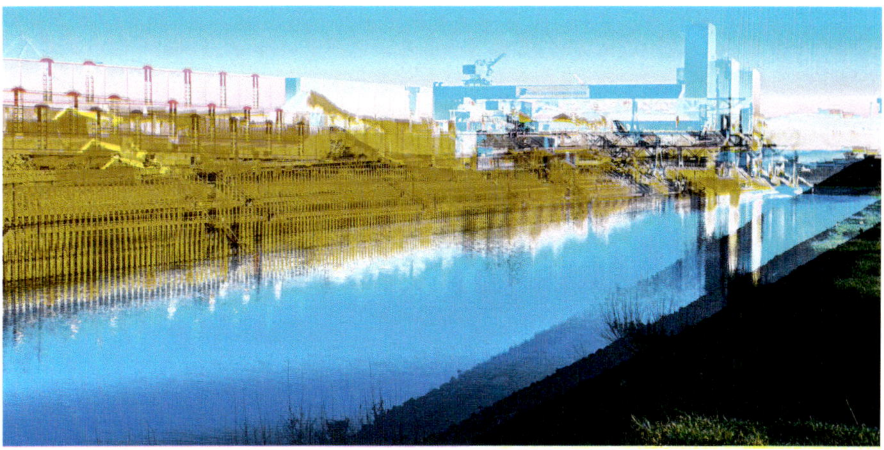

▲ *Neuss-Düsseldorfer Rheinhafen. Mehrfachbelichtung, bestehend aus drei Aufnahmen.*

DSLM APS-C | ISO 320 | 30 mm | f/5 | 1/1000 Sek.

# 30. Fotografieren mit Pinhole-Deckel

**Die besondere Bildsprache der Lochkamera hat Künstler schon immer fasziniert. Die unendliche Tiefenschärfe ermöglicht ein freies Spiel mit der Perspektive und den Größenverhältnissen. Die langen Belichtungszeiten haben starken Einfluss auf die Bilder. Belebte Straßen erscheinen aufgrund der langen Belichtungszeiten fast leer, denn alles, was sich bewegt, wird nicht abgebildet. Wolken verwischen aufgrund ihrer Bewegung, Wasseroberflächen werden glatt und Spiegelungen bekommen einen seidigen Glanz.**

Es gibt viele Wege, um eine Fotografie mit einer Lochkamera zu erstellen. Man kann vorgefertigte Kameras in verschiedenen Preisklassen erwerben oder Sie bauen die Kamera aus den unterschiedlichsten Materialien selbst. Im Prinzip brauchen Sie nur zwei Dinge für eine Camera obscura: eine lichtdichte Kiste und ein winziges Loch.

## Einstieg in die Lochkamerafotografie

Möchte man nicht gleich in einen Neuerwerb investieren, sind Pinhole-Kameradeckel, auch Pincaps genannt, die perfekte Möglichkeit, um ein erstes Lochkamerabild zu erstellen. Die Konstruktion des Pinhole-Deckels ist genauso simpel wie die Technik der Lochkamerafotografie. Zentrum des Kameradeckels ist ein größeres Loch, in dem sich eine Metallplatte oder eine etwas stabilere Metallfolie mit dem winzigen Loch befindet. Diese Kameradeckel gibt es passend zu den verschiedenen Kameraherstellern und Bajonetten, sie werden anstelle des Objektivs auf das Kameragehäuse geschraubt.

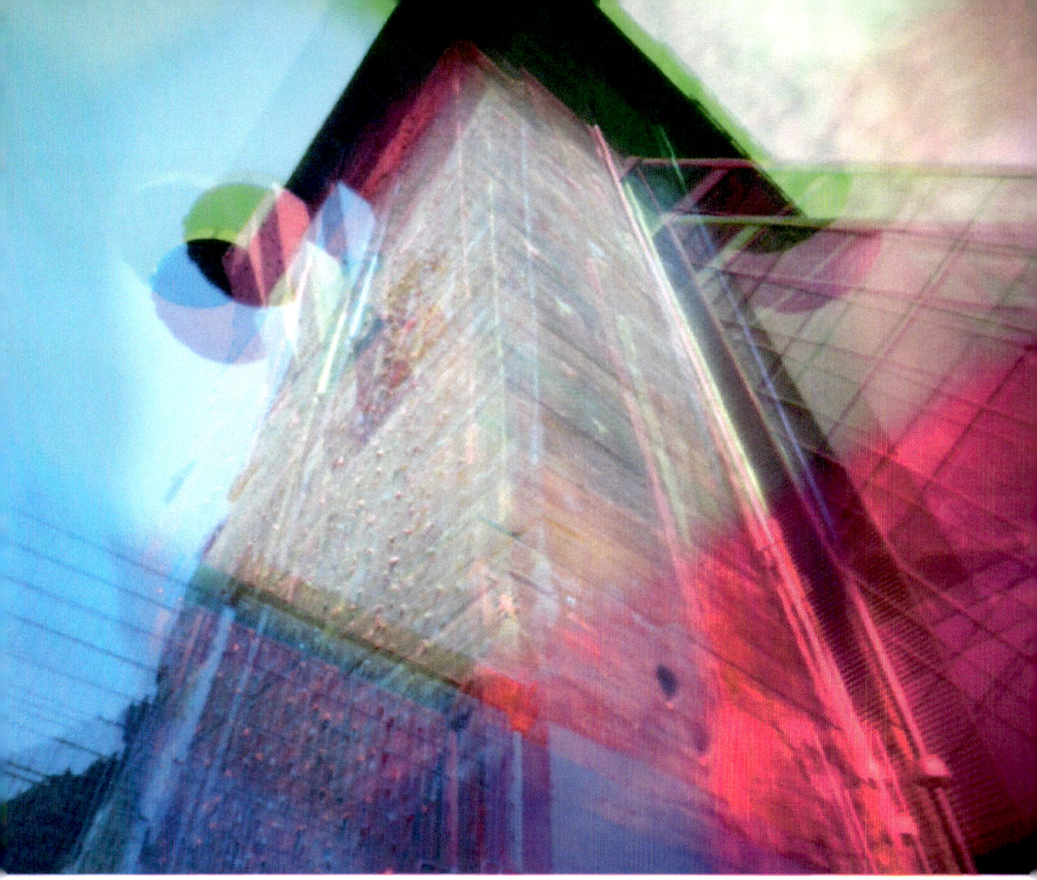

▲ *Für einen wie hier gezeigten Effekt sitzt man entweder stundenlang vorm Computer oder man macht es gleich in ein paar Minuten vor Ort. (Foto: Antonino Zambito)*

Jetzt können Sie entweder mit der Bulb-Funktion, der manuellen Vorgabe für die Verschlusszeit oder auch über die Zeitautomatik ein Foto schießen. Wichtig zu beachten ist, dass man den Sucher bei Spiegelreflexkameras abdeckt, weil sonst durch das rückseitig einfallende Licht die interne Belichtungsmessung gestört wird und dadurch kein vernünftiges Ergebnis zustande kommt. Da die Belichtungszeiten meist mehrere Sekunden betragen, sollte man den Schwarzschildeffekt einkalkulieren und die Belichtung um mindestens eine Blendenstufe verlängern. Die Pinhole-Deckel (Pincaps) bieten einen günstigen, unkomplizierten Einstieg in die Lochkamerafotografie.

# 31. Lochkamera einfach selbst bauen

**Do it yourself! Es gibt kaum eine schönere Spielwiese für experimentelle Fotografie als die der Lochkamera. Googelt man nach „DIY Pinhole“, findet die Suchmaschine mehr als zwei Millionen Einträge. Streichholzschachteln, Dosen, Schuhkartons, Lego, aus fast allem lässt sich eine Lochkamera bauen. Die Experimentierfreude und der Einfallsreichtum sind enorm. Denn das Einzige, was man dazu braucht, ist eine lichtdichte Kiste und ein winziges Loch.**

## Eine Kiste mit einem Loch

Die einfache Variante für die Erstellung von Lochkamerafotos haben Sie in Hack 30 bereits kennengelernt – der Pinhole-Deckel. Jetzt erfahren Sie, wie Sie mit einer Schachtel, einer dünnen Metallfolie und einer Rolle schwarzen Isolierbands eine voll funktionsfähige Lochkamera in wenigen Schritten selber bauen. Das wichtigste Werkzeug hätte ich fast vergessen zu erwähnen, eine dünne Nadel, mit der Sie das kleine Pinhole in der Mitte der Frontseite stechen.

*„Wenn die Fassade eines Gebäudes oder ein Platz oder eine Landschaft von der Sonne beleuchtet wird und man bringt auf der gegenüberliegenden Seite in der Wand einer nicht von der Sonne getroffenen Wohnung ein kleines Löchlein an, so werden alle erleuchteten Gegenstände ihr Bild durch diese Öffnung senden und werden umgekehrt erscheinen.“*

Leonardo da Vinci, ca. 1490

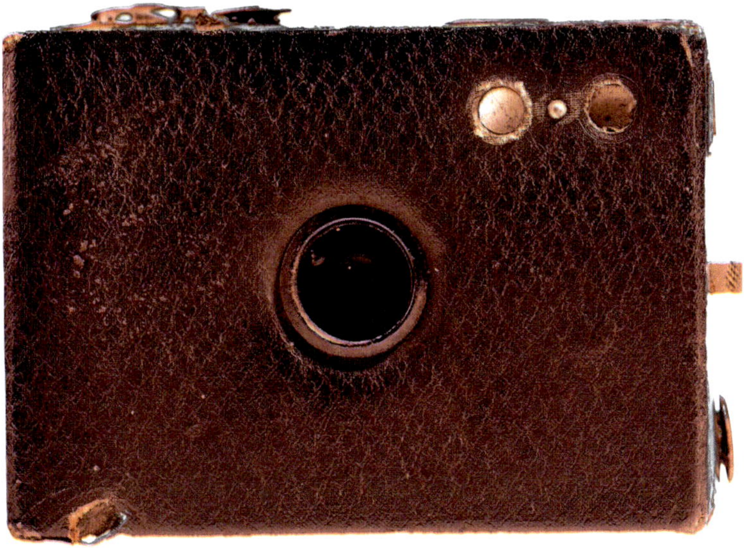

▲ *Das ist nur eine der vielen Bauweisen einer Lochkamera. (Foto: Adobe Stock)*

## Umbau statt Neubau

Als einfacher Einstieg bietet es sich an, alte und kaputte Rollfilmkameras zu verwenden. Diese sind günstig zu bekommen und lassen sich einfach zur Lochkamera umfunktionieren, indem man die Linsen gegen eine Lochblende austauscht. Ein Deckel vor dem neuen „Objektiv" genügt als Verschluss. Kameras mit dem Aufnahmeformat 6 cm × 9 cm, wie Boxkameras, sind sehr gut dafür geeignet. Der Vorteil ist auch, dass das große Negativformat große und detailreiche Aufnahmen ergibt.

### Zitat Andreas Feininger:

*„... empfehle ich jedem Fotografen, einen Teil seiner Ausrüstung selbst herzustellen, selbst wenn er reich genug ist, alles Notwendige fertig zu kaufen."*

Andreas Feininger in „Die Welt neu gesehen", 1963

## Eigenbau mit einfachsten Mitteln

**Das Abenteuer des eigenen Kamerabaus kann mit ganz einfachen Mitteln beginnen. Eine Schachtel oder Dose mit einem kleinen Loch und einem Blatt Fotopapier darin – das ist der allereinfachste Fotoapparat.**

- Wichtig ist, dass das Licht nur durch die kleine Lochblende eindringt. Alles andere muss absolut lichtdicht sein. **Schwarzes Isolierband** aus der Elektroabteilung eines Baumarkts eignet sich bestens dazu, alle Ritzen dichtzumachen. Ebenso wichtig ist es auch, das Innere der Kamera mit matter **schwarzer Farbe**, **schwarzem Tonpapier oder Filz** zu schwärzen. Verirrte Lichtstrahlen, die das Bild stören könnten, werden dadurch verschluckt.

- Das **Loch**, welches das Bild erzeugt, kann man zwar direkt in den Karton der Schachtel piksen, besser ist es aber, wenn dazu eine **dünne Metallfolie** verwendet wird, weil das Loch in etwa die Größe eines feinen Nadelstichs (das Pinhole) haben muss. Eine zu große oder zu kleine Öffnung kann das Bild unscharf machen.

- Anhaltspunkt: Bei einer „Brennweite“, dem Abstand vom Loch zum Film, von 50 mm ist ein Lochdurchmesser von 0,25 mm ein idealer Wert. Je größer die Brennweite, desto größer muss auch das Loch sein. Lochblenden werden zwar zum Kauf angeboten, aber mit etwas Übung gelingt es durchaus, Lochblenden mit sehr guter Abbildungsleistung selbst herzustellen. Die benötigte Metallfolie erhält man im Bastelgeschäft als Prägefolie meist aus Aluminium.

- Als Unterlage eignet sich eine **Schneidematte** oder dicker Karton. Mit einer feinen **Stecknadel** wird die Folie vorsichtig durchstochen. Auf der anderen Seite des Einstichs bildet sich eine Erhebung. Diese wird mit feinstem **Schmirgelpapier** etwas abgeschliffen und dann mit einem Falzbein glattgestrichen. Dadurch wird das Loch wieder kleiner.

- Wiederholen Sie den Vorgang von der anderen Seite. Die fertige Lochblende sollte möglichst kreisrund sein und keine Kanten oder Grate haben. Machen Sie den Test mit einer Lupe.

## Berechnung der Blende

Um eine Grundlage für die Belichtungsmessung zu haben, wird nun die Blende berechnet. Die Formel dazu ist einfach. **Bildweite** dividiert durch **Lochdurchmesser** gleich **Blende**.

Beispielrechnung: **40 : 0,25 = 160**

Mit etwas Übung wird die Qualität der Lochblende immer besser, eine gewisse Ungenauigkeit gehört zu dieser Art der Fotografie aber dazu, schließlich gibt es ja noch den Belichtungsspielraum des (Schwarz-Weiß-)Negativfilms.

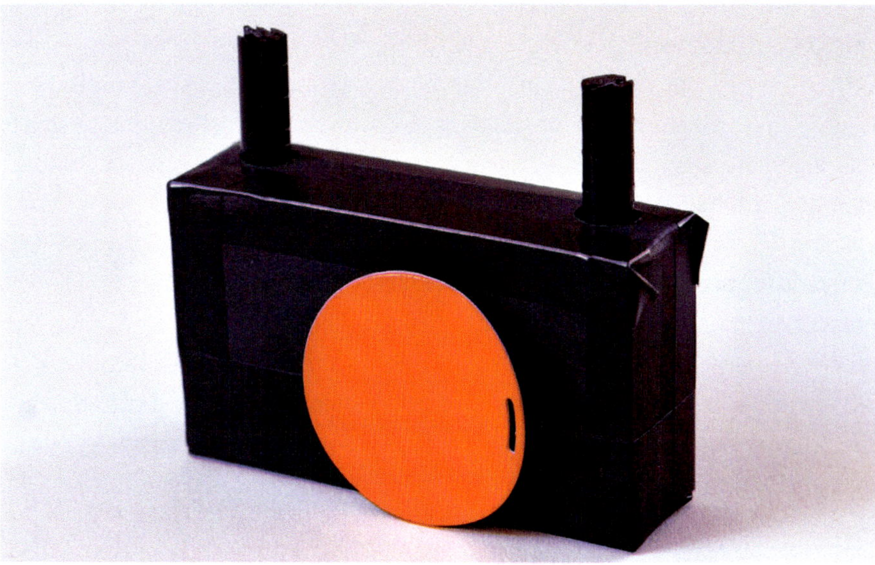

▲ *Mit dieser Lochkamera Marke Eigenbau gelingen bereits eindrucksvolle Bilder. Probieren Sie es aus!*

# 32.
# Helle Indoorfotos ohne Blitzlicht

**Die meisten Menschen mit Kamera und ohne Plan schalten Ihre Kamera für Innenraumaufnahmen ein und fotografieren mit der Automatikeinstellung. Da es in Innenräumen häufig eher dunkel ist, schaltet sie brav den Blitz hinzu. Immerhin geht es in der Schnappschussfotografie darum, das Hauptmotiv in der Nähe der Kamera schön hell zu zeigen. Leider ist schön hell nicht automatisch schön.**

## Fenster auf, Licht an!

Öffnen Sie zum Fotografieren in Innenräumen sämtliche Vorhänge und Rollos, um so viel Licht wie möglich in den Raum zu lassen. Problematisch ist das, wenn Sie den Blick aus dem Fenster auch im Bild haben, weil die Außenwelt dann oft heillos überstrahlt.

## Perspektive und Einstellungen

Versuchen Sie, die Kameraperspektive entsprechend zu variieren. Stellen Sie an der Kamera je nach Motiv das Porträtprogramm oder die Zeitautomatik (A, Av) ein und wählen Sie eine offene Blende (kleiner Wert). Zur Not wird noch der ISO-Wert erhöht und die Belichtung sollte auch im Innenbereich klappen.

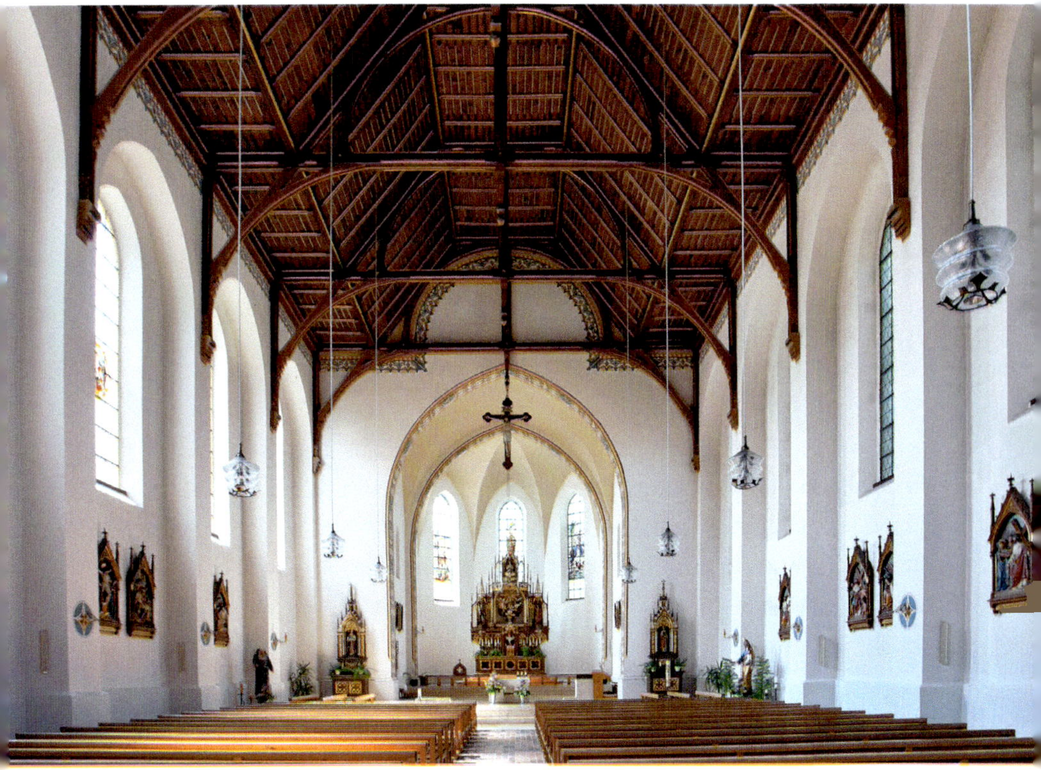

▲ *Gut, wenn man große Fensterflächen hat. So lassen sich Innenraumszenen wundervoll sanft beleuchten, ohne dass extreme Schatten entstehen. (Foto: Christian Haasz)*

DSLR Vollformat | ISO 400 | 17 mm | f/6 | 1/40 Sek.

## Großes Licht und kleines Licht

Hier noch ein kleiner Tipp hinsichtlich der Wirkung und dem Aufbau des Lichts. „Großes Licht“ haben Sie fast überall. Sonnenlicht hinter Wolken ist großes Licht. Ein Raum mit vielen Fenstern ohne den Einsatz von künstlichem Licht ist großes Licht. Sogenanntes „kleines Licht“ finden Sie im Schein einer Taschenlampe, unter einer LED-Leuchte, unter einem Scheinwerfer oder in dessen unmittelbarer Nähe.

**großes Licht = weiches Licht**

**kleines Licht = hartes Licht**

# 33.
# Schlafende Hunde weckt man nicht

**Schlafende Hunde haben etwas Friedfertiges und Sanftes an sich, das sich auf Fotos eigentlich immer gut macht. Zwei Probleme gibt es: Man muss leise sein, um zum Beispiel den Hund nicht zu wecken, und man muss eine geeignete Perspektive samt Lichteinfall finden, ohne den schlafenden Hund zu bewegen. Am besten stellen Sie die Kamera auf den Boden, wählen eine Offenblende und fokussieren mit dem Klappdisplay der Kamera.**

## Lichtverhältnisse vorher testen

Macht Ihr Hund sein Schläfchen immer am gleichen Ort? Das ist gut, denn dann können Sie sich zu einem Zeitpunkt, zu dem dort niemand schläft, mit der Kamera in der Hand schon mal überlegen, wie Sie sich platzieren können. Außerdem ist es wichtig, zu erkennen, wie die Lichtverhältnisse sind.

- Kommt Tageslicht durch ein seitlich stehendes Fenster?
- Wo wird die Sonne stehen, wenn die Zeit für ein Nickerchen gekommen ist? Oder ist es draußen trüb und grau?
- Brauchen Sie eventuell zusätzlich einen Aufheller oder Reflektor, um ein wenig Licht in die Schatten zu lenken?
- Machen Sie am besten ein paar Probeaufnahmen, vielleicht sogar mit einem Plüschtier als Dummy, um sich über die erforderlichen Kameraeinstellungen, den -standpunkt und die Brennweite klar zu werden.

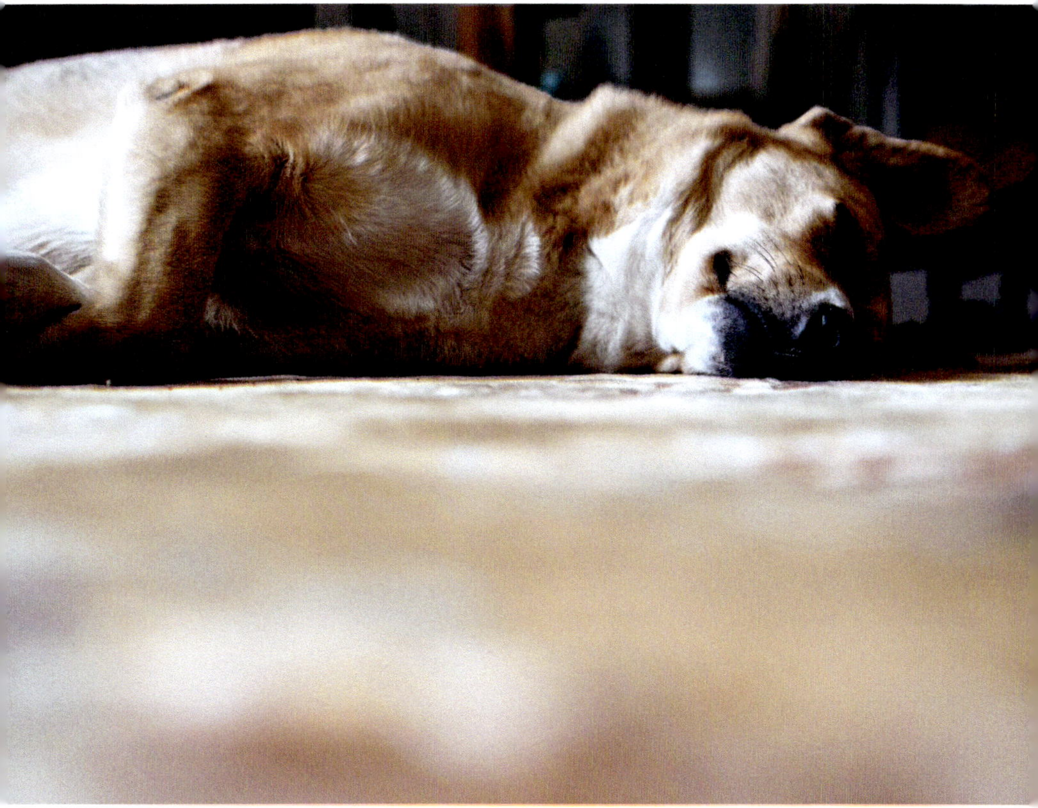

▲ *Hat sich der Hund auf seinem Lieblingsplatz ausgestreckt und schläft, ist das bei entsprechendem Licht sowie Vorder- und Hintergrund immer ein wunderschönes Motiv.*

DSLM APS-C | ISO 1250 | 30 mm | f/2 | 1/100 Sek.

# 34. Festbrennweiten: lichtstark & manuell

**Ein paar Fotothemen schreien geradezu nach einer Systemerweiterung, und zwar in Form von lichtstarken Festbrennweiten. Diese gehen konstruktionsbedingt keine Kompromisse ein. Wo ein Zoom möglichst bei jeder Brennweite gute Ergebnisse (Schärfe, Kontrast und Verzeichnung) bringen soll, man dafür aber auch immer Abstriche bei der Bildqualität machen muss, sind Festbrennweiten in dieser Hinsicht im Vorteil.**

## Lichtstarke Festbrennweiten

Die Lichtstärke bringt zwei Vorteile: Erstens kann man auch bei wenig Licht noch ohne Blitz und mit niedrigem ISO-Wert fotografieren. Zweitens ist die Hintergrundunschärfe bei geöffneter Blende viel ausgeprägter und meistens auch sanfter (Stichwort Bokeh). Jedes Motiv, das Sie vor einen unscharfen Hintergrund stellen möchten, profitiert von der besseren Bildqualität und der ansprechenden Hintergrundunschärfe einer Festbrennweite.

Wenn Sie also darüber nachdenken, Ihr System für die typischen Familien- und Freizeitmotive wie Porträts, Familienbilder, Urlaubsschnappschüsse oder Haustierfotos zu erweitern, sehen Sie sich als erstes nach einer lichtstarken Festbrennweite um. Zur Orientierung: f2,8 ist schon ganz gut, richtig lichtstark wird es aber erst ab f/2, f/1,8, f/1,4 oder noch weniger.

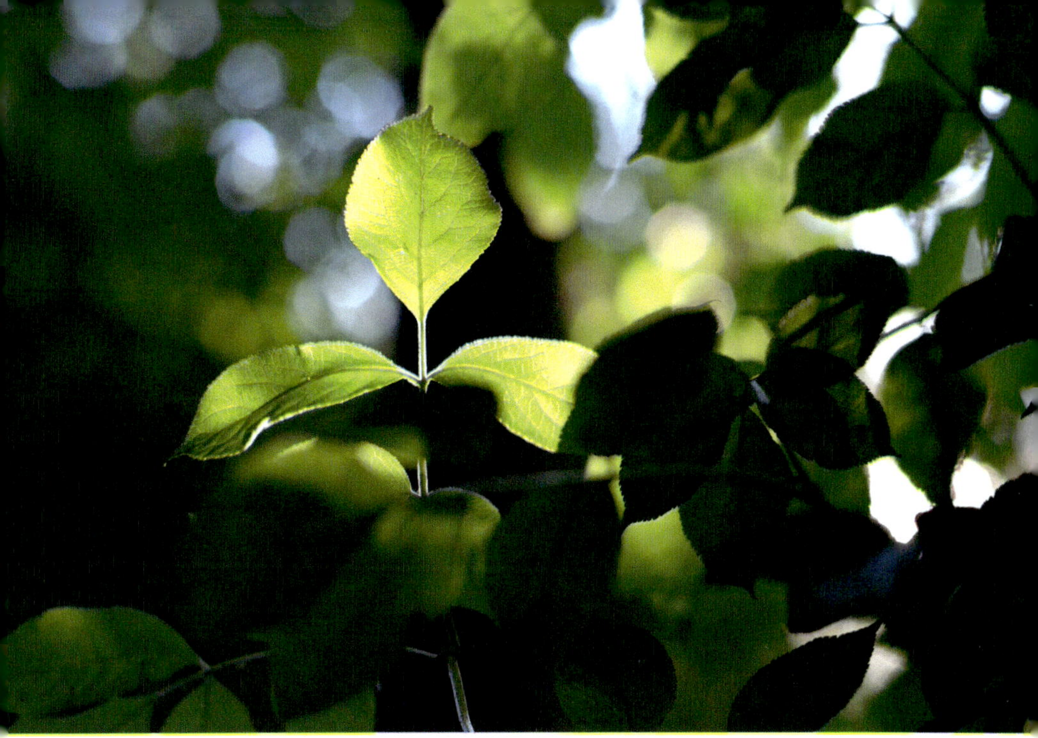

▲ *Man fotografiert bewusster und hat mit der Festbrennweite eine bessere Bildqualität.*

DSLM | ISO 160 | 21 mm | f/1,2 | 1/170 Sek.

## Gute Qualität für wenig Geld

Meine Empfehlung: das TTartisan 50 mm f1.2. Die große Blende von f/1,2 beseitigt einen überladenen Hintergrund und hebt das Motiv hervor. Glattes Bokeh macht Fotos voller Poesie und steigert die künstlerische Anziehungskraft. Gehen Sie zu Ihrem Fotohändler und probieren es einfach aus.

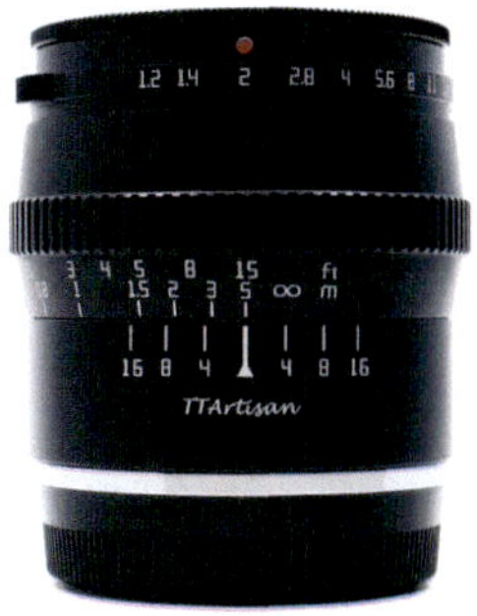

# 35. Gitter und Zäune unsichtbar machen

**Im Zoo gibt es einen großen Feind, der sich gegen stimmungsvolle Fotos stellt: das Gitter ums Gehege! Es gibt drei Möglichkeiten, störende Bildelemente im Zoo auszublenden.**

## Aus erhöhter Perspektive

Wenn möglich, wählt man den Standort so, dass weder im Vorder- noch im Hintergrund Gitter zu sehen sind. Das dürfte in den meisten Fällen nur klappen, wenn man aus einer erhöhten Perspektive fotografiert. Bei kleineren Gehegen, über deren Mauern man schauen kann, funktioniert das ganz gut. Auch bei Tieren, die durch einen Graben von den Besuchern getrennt sind, ist das eine Option.

## Ganz nah ran ans Gitter

Die zweite Möglichkeit besteht darin, mit der Kamera so nah wie möglich an die Gitter heranzugehen und mit etwas längerer Brennweite durch eine Öffnung des Gitters hindurch zu fotografieren. Je größer die Blendenöffnung (knappe Schärfentiefe) ist, desto unschärfer wird die Gitterstruktur, falls doch noch etwas ins Bildfeld ragt.

## Retuschieren mit TouchRetouch

Die dritte Möglichkeit heißt TouchRetouch, eine feine Smartphone-App, die nur 3,99 Euro kostet. Kein Abo, keine In-App-Käufe und keine Werbung. Es ist eine helle Freude, mit dieser App Fotos zu retuschieren. Einfach, schnell und mit hoher Präzision verschwindet alles Unnötige, was nicht ins Bild gehört.

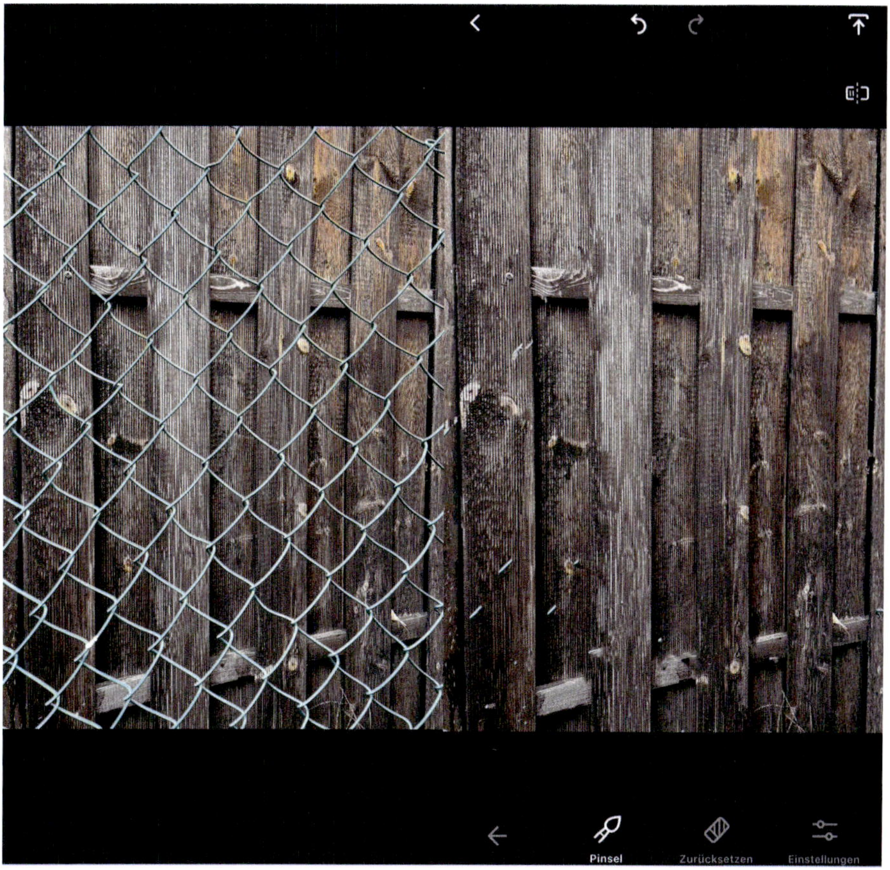


▲ *In nur drei Schritten ist der Maschendrahtzaun komplett entfernt, sofern es sich um ein homogenes „Dahinter" handelt.*

TouchRetouch macht das vollkommen automatisch, bietet aber auch die Möglichkeit, Bildfehler manuell zu korrigieren. Highlight der App ist die auf KI basierende Funktion Netze, mit der sich z. B. Maschendrahtzäune oder Gitter entfernen lassen und die den Blick auf das Motiv freigibt.

# 36. Transparentpapier macht Fensterlicht weich

**Sie haben kein Studio und keine Ambition, viel Geld für Licht, Hintergründe und Reflektoren auszugeben? Aber Sie möchten trotzdem stimmungsvolle und sanft beleuchtete Porträts oder Stillleben erstellen? Dann kaufen Sie sich eine Rolle Transparentpapier und hängen es vor das entsprechende Fenster. Egal, in welche Richtung das Fenster weist – durch das transparente Papier wirkt das Licht wunderbar weich.**

## Fensterlicht von der Seite

Licht von der Seite ist für die Darstellung von Konturen optimal und verleiht jedem Motiv von der Münze bis zur Waldlandschaft optische Tiefe. Dies ist einer der Gründe dafür, dass Landschaftsfotografen gern früh morgens oder am späten Nachmittag arbeiten, wenn die Sonne sehr tief steht. Andere Motive als Landschaften, die mit seitlichem Licht angestrahlt werden, sind jedoch oft etwas schwierig zu belichten, da die beleuchtete Motivseite je nach Intensität der Lichtquelle extrem hell ist und die der Lichtquelle abgewandte Seite im Schatten liegt. Das kann den Sensor Ihrer Digitalkamera überfordern, weil er nicht in der Lage ist, das vorherrschende Helligkeitsspektrum zu erfassen.

Sie müssen sich entscheiden, ob Sie lieber die hellen oder die dunklen Bereiche korrekt belichten möchten, und die Kamera zur Belichtungsmessung auf den entsprechenden Motivteil richten. Eine Möglichkeit bei Porträts oder anderen Motiven in der Nähe besteht darin, die im Schatten liegende Seite mit einem Reflektor aufzuhellen. Dazu reicht bereits Transparentpapier, das Sie vor das Fenster hängen, und das Licht wird wunderbar weich.

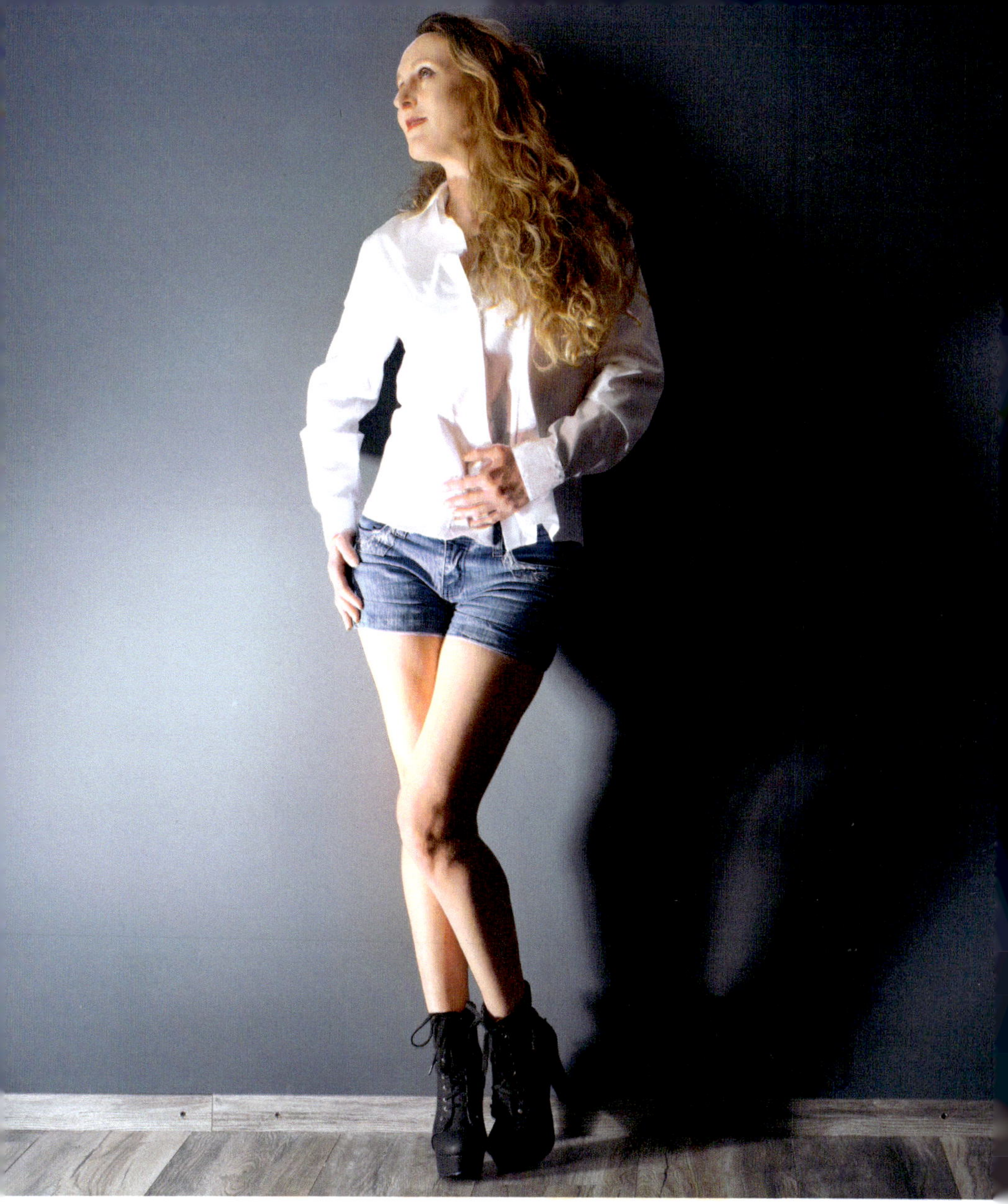

▲ *Weiches Fensterlicht lässt sich prima für stimmungsvolle Porträts nutzen. Aber auch Produktfotos und Stillleben profitieren von den sanften Schatten. (Foto: Christian Haasz)*

DSLM | ISO 400 | 35 mm | f/2 | 1/60 Sek.

# 37.
# Fotobox Marke Eigenbau?

**Fotos für Ebay oder Onlineshops sind, wenn sie von Laien gemacht werden, meistens ziemlich schlecht. Zu hell, zu dunkel, teilweise überstrahlt, ablenkender Hintergrund – die Fehler sind immer die gleichen. Und diese Fehler lassen sich eigentlich ganz einfach beheben. Das lohnt sich immer, denn ein gutes Bild verkauft einfach besser.**

## Gleichmäßiges Licht, neutraler Hintergrund

Im Web findet man unter dem Begriff „Lichtzelt" viele Produkte, die man für die schnelle Produktfotografie sehr gut verwenden kann. Der Sinn solcher Zelte liegt darin, dass rund um das Produkt ausschließlich weiße, helle Flächen stehen, die für gleichmäßiges Licht und einen neutralen Hintergrund sorgen. Sie fotografieren vorn durch die Öffnung des Lichtzelts und müssen nur noch darauf achten, dass sich die Kamera nicht im Produkt spiegelt.

## Selber bauen: keine große Sache

Sie können ein Lichtzelt oder eine Fotobox ganz einfach selber bauen, indem Sie einen langen, weißen Karton so biegen, dass er gleichzeitig Unter- und Hintergrund ist. Für die Seiten und das Dach der Fotobox verwenden Sie am besten Transparentpapier (Architektenpapier) und biegen es von links nach rechts so über den weißen Karton, dass ein möglichst geschlossener Raum entsteht.

## Lohnt sich der ganze Aufwand?

Schauen Sie sich unter dem Suchbegriff „lichtzelt + fotografie" oder „fotobox" bei Amazon um und Sie werden feststellen, dass für unter 20 Euro viele gute Lösungen angeboten werden, die den Bastelaufwand und die damit verbundenen Investitionen überflüssig machen.

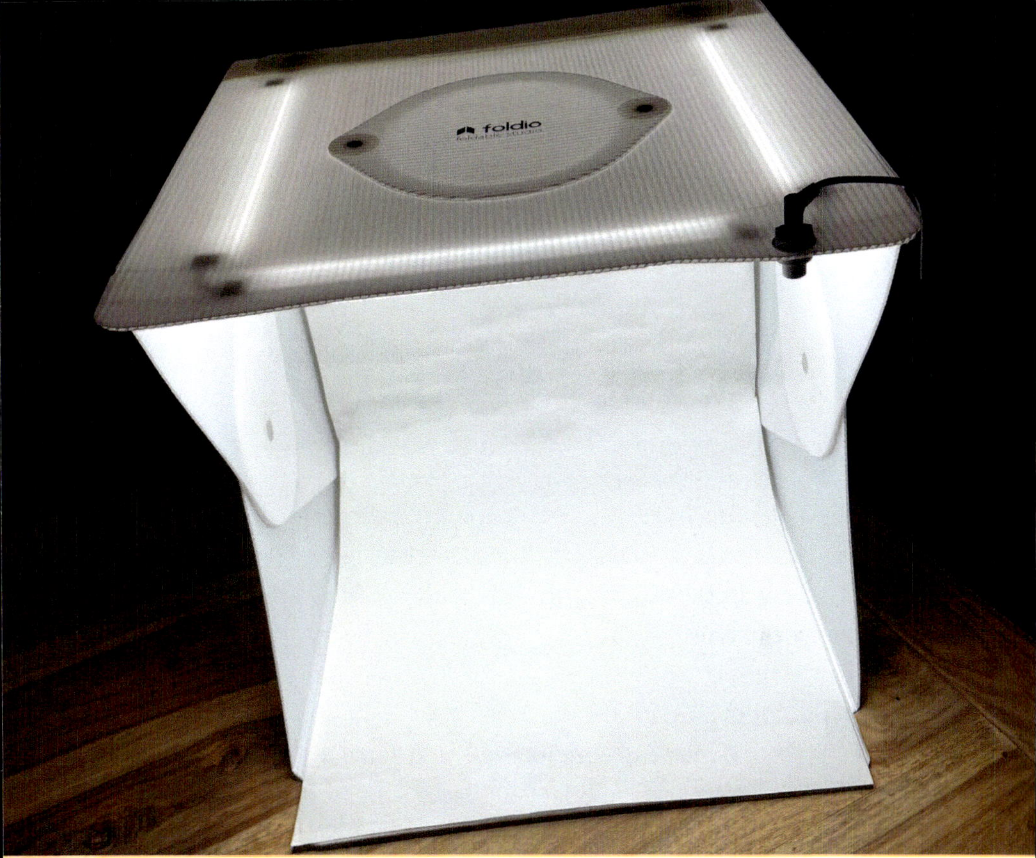


▲ *Schattenfreie und gleichmäßige Ausleuchtung erzielt man nur, wenn der Raum, in dem sich das Motiv befindet, wie in einem Lichtzelt (Fotobox) nahezu komplett weiß und hell ist.*

iPhone | ISO 32 | 21 mm | f/1,6 | 1/700 Sek.

## Auf die Ausleuchtung kommt es an

Links und rechts der Fotobox platzieren Sie zwei LED-Taschenlampen. Darf es etwas mehr sein? Dann schauen Sie sich bei Amazon um. Dort gibt es bereits für wenig Geld sehr gute Softbox-Sets. Das sind meist zwei 20 Zoll x 28 Zoll große Softboxen inklusive Tageslichtlampen und Lichtständer. Für den Privatgebrauch absolut ausreichend. Die Ausleuchtung ist gleichmäßig und die Schattenbildung kann nahezu komplett reduziert werden.

# 38.

# Gutbürgerlich serviert im Killerlicht

**Foodfotografie liegt voll im Trend. Alles, was man lecker anrichten kann, wird aufgenommen und in den sozialen Netzwerken geteilt. Leider sehen die meisten Foodbilder aus, als hätte jemand vom Kochen deutlich mehr Ahnung als vom Fotografieren. Hier ein paar Killertipps zur Ausleuchtung.**

## Nur mit verfügbarem Licht

Keine Ahnung, warum die Leute ihre leckeren Speisen auf dem Teller ständig anblitzen müssen. Volles Rohr mit Blitz auf das Essen führt garantiert zu hässlichen Schatten. Also: Blitz aus und darauf achten, dass genug Umgebungslicht da ist. Am hübschesten sehen die meisten Foodfotos aus, wenn man eine relativ harte Lichtquelle (z. B. die Sonne) von hinten über das Essen streifen lässt. Aber das lässt die Vorderansicht, aus der Sie fotografieren, ziemlich im Schatten versinken. Aber wozu hat man weiße Servietten? Verwenden Sie einfach eine helle Fläche, um das von hinten kommende Licht nach vorn ins Essen zu reflektieren. Die Schatten werden aufgehellt und das Lichtarrangement ist fast so perfekt wie bei einer professionellen Foodfotografie. Fehlen nur noch der richtige Blickwinkel (leicht erhöht von vorn), ein passender Abstand (nah ran!) und die richtige Brennweite.

## Finger weg vom Blitz!

Foodie Camera ist eine Filter-App für die Erstellung von Foodfotos. Es gibt Filter für Grillgerichte, Fisch, Eiscreme, Pasta und vieles mehr. Sie alle lassen Ihr Essen auf den Fotos im besten Licht noch schmackhafter aussehen.

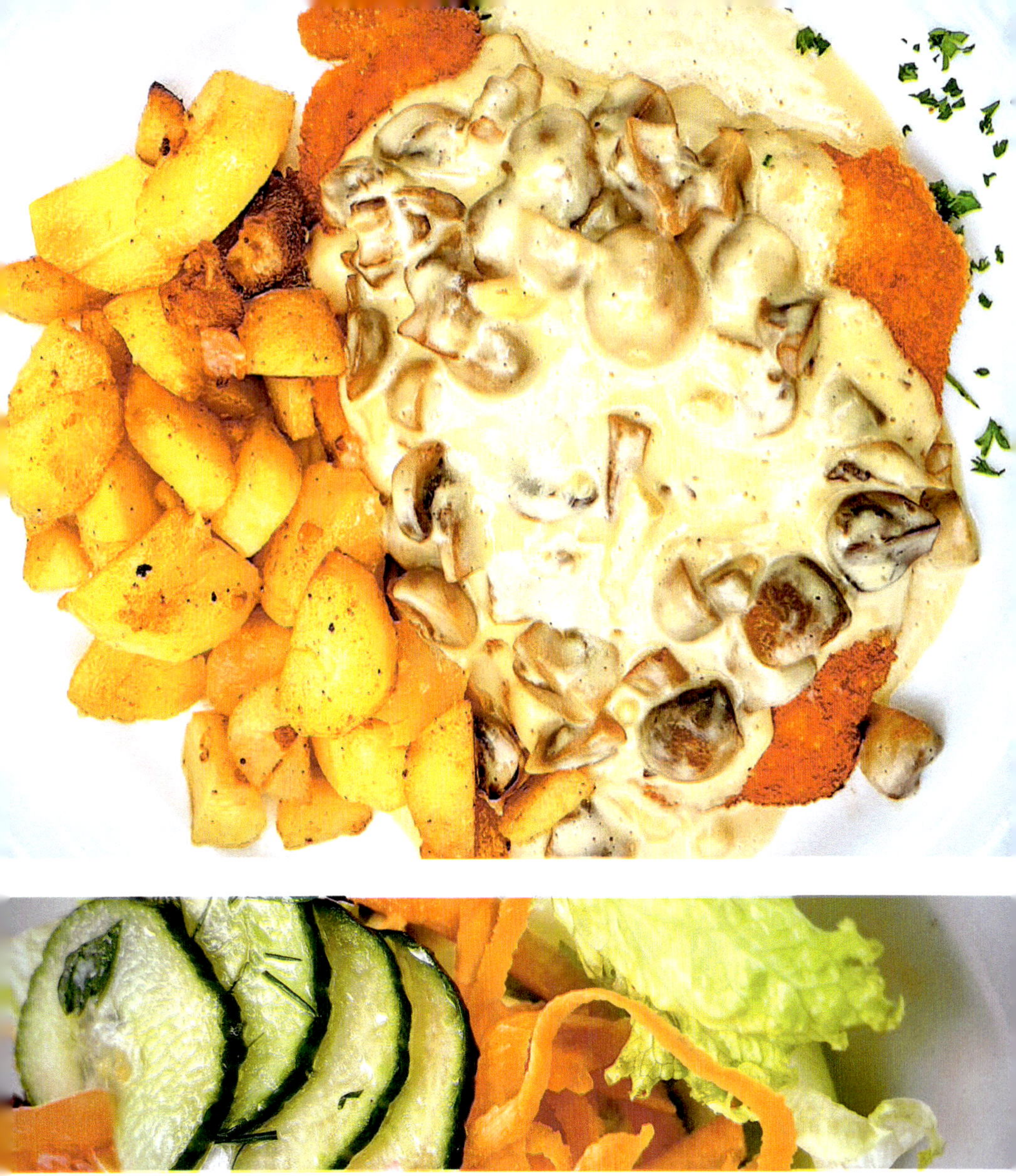

▲ *Schnitzel Wiener Art mit Salat. Gegenlicht und dezente Aufhellung von vorn erzeugt Kontraste und lässt angerichtete Speisen knackig aussehen.*

Mobile | ISO 64 | 4,3 mm | f/1,8 | 1/120 Sek.

# 39.

# Bokeheffekte einfach selber machen

**Als Bokeh bezeichnet man die mehr oder weniger runden, unscharfen Spitzlichter im unscharfen Bereich von Fotos. Je weiter entfernt ein Lichtfleck von der Schärfeebene ist, desto deutlicher sichtbar ist das Bokeh. Da Objektive bzw. deren Blenden eine mehr oder weniger kreisrunde Öffnung besitzen, sind Bokeheffekte dementsprechend rund. Man kann solche Bokehscheiben mit einem kleinen Trick aber in nahezu jede beliebige Form bringen, zum Beispiel in die eines Sterns.**

## Dreieck, Stern, Oval - was gefällt

Nehmen Sie ein Stück schwarzen Karton und schneiden Sie ihn so zurecht, dass er sich direkt vor Ihr Objektiv anbringen lässt. Sie können z. B. am Rand des Kartons zwei Laschen stehen lassen, die Sie zu den Seiten aufs Objektiv klappen und dort mit einem Gummiband befestigen.

Um einen besonderen Bokeheffekt zu erzielen, müssen Sie nur die gewünschte Form in den Karton schneiden. Dreieck, Stern, Oval – wonach auch immer Ihnen der Sinn steht, ist möglich. Achten Sie darauf, dass die Öffnung groß genug ist, damit das Hauptmotiv noch gut von der Kamera erfasst werden kann.

Damit der Bokeheffekt auch klappt, kommt es auf den Abstand zum Motiv und der manuellen Fokussierung an. Hier ist Versuch und Irrtum angesagt, so lange, bis der Effekt gefällt. Bewegen Sie sich so lange vor und zurück, bis das Hauptmotiv im Fokus ist, da die Fokussierung wegen des Bokeheffekts nicht mehr verstellt werden darf.

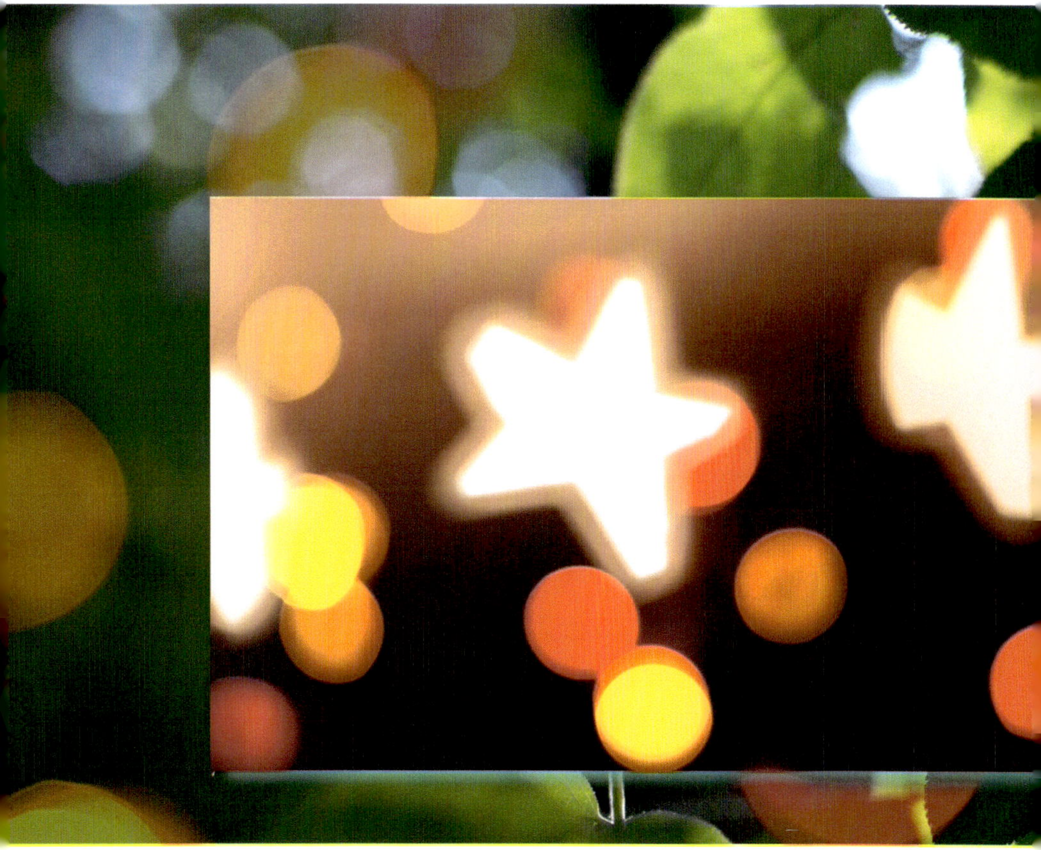

▲ *Zur Verdeutlichung: Das annähernd runde Bokeh entsteht durch das verwendete Objektiv (50 mm f1.4), für die Sternform wurde ein Pappkarton mit ausgestanztem Stern verwendet.*

DSLM APS-C | ISO 160 | 21 mm | f/1,4 | 1/170 Sek.

# 40.
# Pseudobokeh mit dem Smartphone

**Der Begriff Bokeh kommt aus dem Japanischen und bedeutet so viel wie „unscharf" oder „verschwommen". Er bezeichnet die Darstellung von Bildelementen, die nicht in der Schärfeebene liegen und damit unscharf wiedergegeben werden.**

## Nah ran oder per App

Fotografieren Sie dazu mit offener Blende und fokussieren Sie auf ein Motiv im Vordergrund. Im Hintergrund sollten im Idealfall Lichtreflexe oder Spitzlichter zu sehen sein, die unscharfe Flecken auf dem Bild produzieren. Ein Bokeh wie aus einer großen DSLR- oder DSLM-Kamera ist mit der eines Smartphones noch nicht möglich. Aber man kann mit dem Smartphone eine Art Pseudobokeh erzeugen.

Gehen Sie mit der Kamera so nah wie möglich an das Motiv heran und tippen Sie auf den Auslöser. Diese Methode funktioniert bei kleinen Motiven wie Blüten, Insekten etc. schon ganz gut.

Oder erstellen Sie Ihr Foto und bearbeiten es mit einem Porträtfilter in Photoshop Camera. Dann speichern Sie das Bild ab und laden es in Photoshop Express. Hier finden Sie unter Looks/Überlagerungen/Bokeh eine Auswahl an Bokeheffekten. Probieren Sie sie aus.

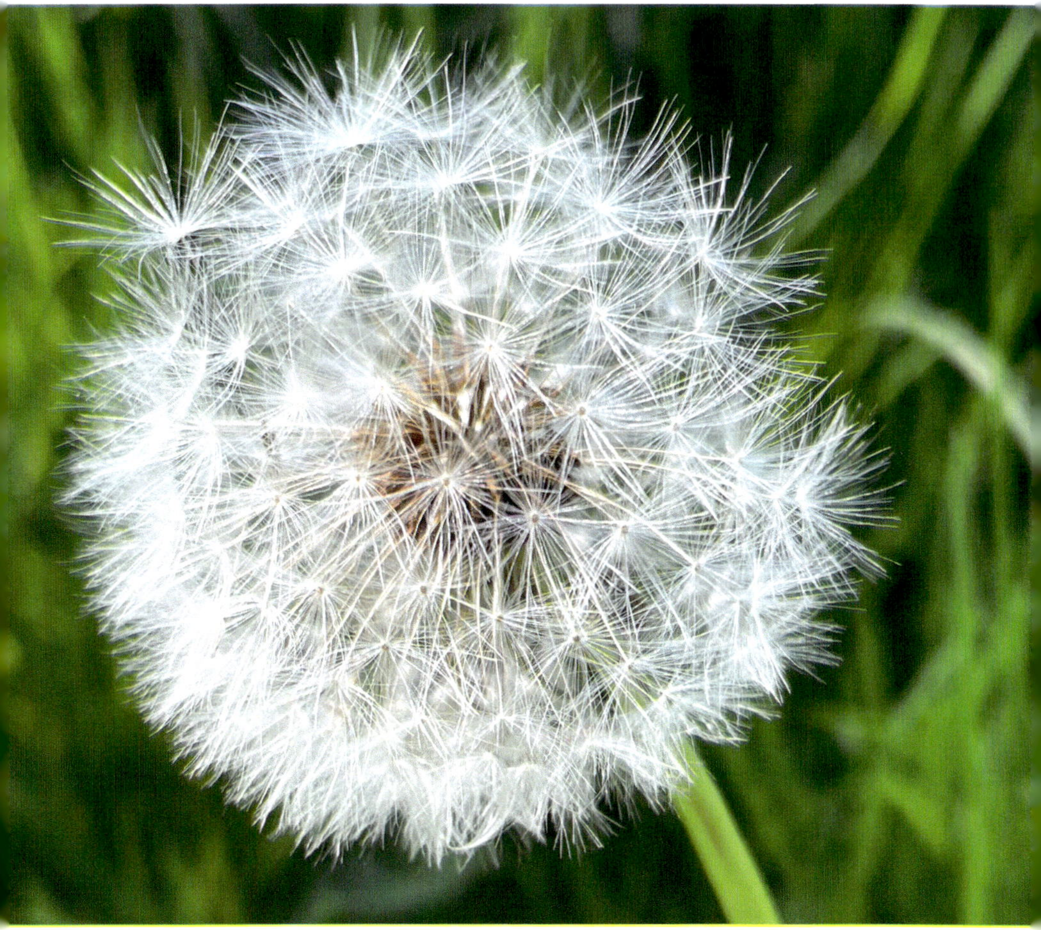

▲ *Je offener die Blende (f/1,4 oder f/2) ist, desto mehr Licht fällt bei gleicher Verschlusszeit durch das Objektiv auf den Sensor und umso enger wird der Schärfebereich. Alles vor und hinter der Schärfeebene wird mehr oder weniger harmonisch unscharf.*

Mobile | ISO 32 | 4,2 mm | f/1,6 | 1/1200 Sek.

# 41. Magische Stunden einfangen

**Als „magische Stunden" bezeichnet man in der Fotografie die letzte Stunde vor dem Sonnenuntergang und die erste nach Sonnenaufgang, auch „Goldene Stunde" genannt. Nachdem die Sonne untergegangen ist, folgt die „Blaue Stunde". Während dieser kurzen Zeit nach Sonnenuntergang ist die Welt mit blauem Licht durchflutet. Zu diesen Tageszeiten herrschen nahezu perfekte Lichtbedingungen, um einfach faszinierende Bilder aufzunehmen.**

## Stimmungsvolle Stadtansichten

Die magischen Stunden sind wie geschaffen für das, was man mit stimmungsvollen Stadtansichten zu zeigen versucht. Das Zusammenspiel zwischen letztem Sonnenlicht, dem blauen Himmel und der aufflammenden Beleuchtung der menschlichen Zivilisation kann zu extrem leuchtenden und farbigen Bildern führen, sofern Sie ein paar Dinge beim Fotografieren beachten. Technisch gesehen sind die magischen Stunden relativ einfach in den Griff zu bekommen. Mit ein paar Probebildern können Sie die optimalen Belichtungswerte schnell herausfinden. Die manuelle Festlegung von Blende, Verschlusszeit und ISO-Wert sollten Sie für hochwertige Aufnahmen allerdings beherrschen.

Zumindest muss man wissen, wie man die Belichtungswerte der Kamera manuell nach oben oder unten kompensiert, da eine automatische Belichtung bei einem vorwiegend dunklen Motiv leicht dazu führen kann, dass die Bilder zu hell werden. Das gehört zum Grundwissen, wenn Sie gute Fotos zur Goldenen und zur Blauen Stunde aufnehmen möchten.

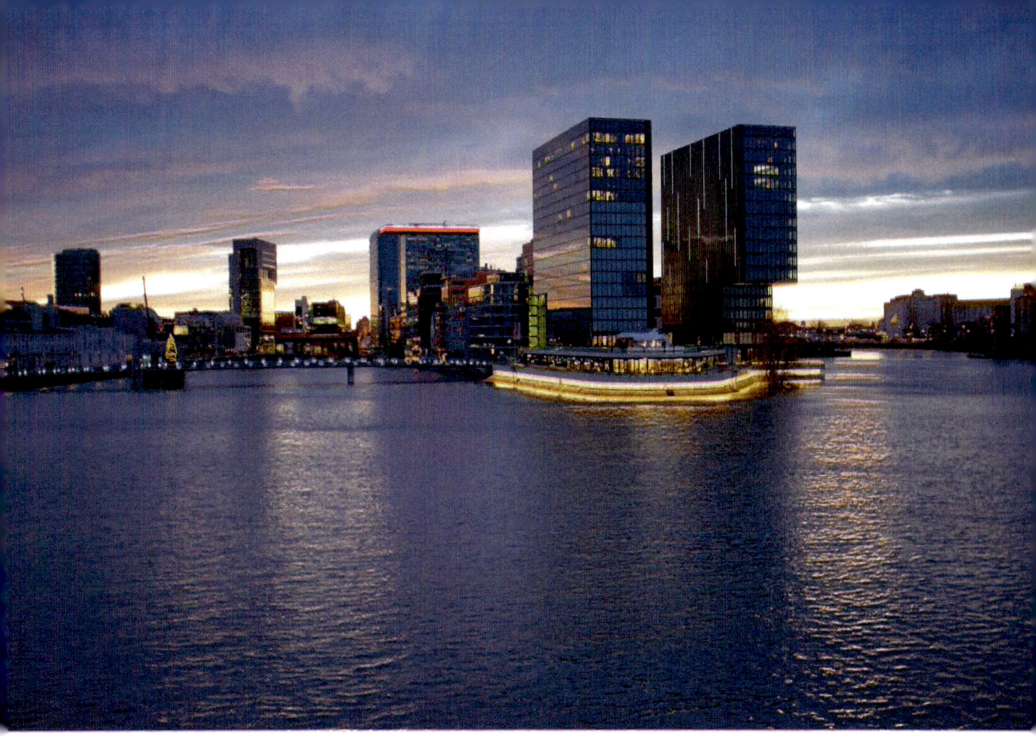

▲ *Der Düsseldorfer Medienhafen im Licht der Blauen Stunde. Solche Farbenspiele zur Blauen Stunde muss man nur entdecken. Das restliche Licht des Tages und die künstliche Beleuchtung von Gebäuden sind zu dieser Zeit in etwa gleich stark. Die Belichtung ist nicht schwierig, aber ein Stativ ist dennoch zu empfehlen.*

DSLM | ISO 800 | 23 mm | f/2 | 1/60 Sek.

## Sun Seeker App

Sun Seeker zeigt die stündlichen Richtungsintervalle der Sonne, ihre Tag-und-Nacht-Gleiche, die Bahnen der Winter- und Sommersonnenwende, die Sonnenaufgangs- und Sonnenuntergangszeiten, die Dämmerungszeiten, den Sonnenschatten sowie die Goldene und die Blaue Stunde und vieles mehr. Unter dem Eintrag Magische Stunden können Sie die exakten Zeiten für Blaue und Goldene Stunden und die exakten Zeiten vieler anderer Lichtsituationen abrufen.

# 42.
# Sprühregen aus der Flasche

**Regentropfen auf Pflanzenblättern, Obst oder dem Lack eines Autos machen Motive interessanter und lassen vor allem die Farben besser wirken. Damit Regentropfen auf Objekten sichtbar werden, braucht das Hauptmotiv vorzugsweise einen dunklen Hintergrund oder eine kontraststarke Fläche, auf der die Regentropfen liegen und langsam abperlen. Aber was tun, wenn es einfach nicht regnen oder man seine teure Kamera keiner Feuchtigkeit aussetzen will?**

## Ein Fall für den Regenmacher

Besorgen Sie sich eine Sprühflasche. Am besten eignen sich handliche Speiseölsprüher, mit denen man Blätter, feine Blüten, Obst oder andere Objekte befeuchten und betröpfeln kann. Günstige Ölsprüher gibt es in allen Variationen und sind in Web bereits für um die 10 Euro zu haben.

## Regentropfen im Flug einfangen

Möchten Sie Regentropfen im Flug einfrieren, brauchen Sie Verschlusszeiten, die kürzer als 1/125 Sek. sind. Um Regen in Streifen zu zeigen, arbeiten Sie mit längeren Verschlusszeiten von 1/30 Sekunde und mehr. Je länger die Verschlusszeit ist, desto länger sind die von den Regentropfen gezeichneten Streifen.

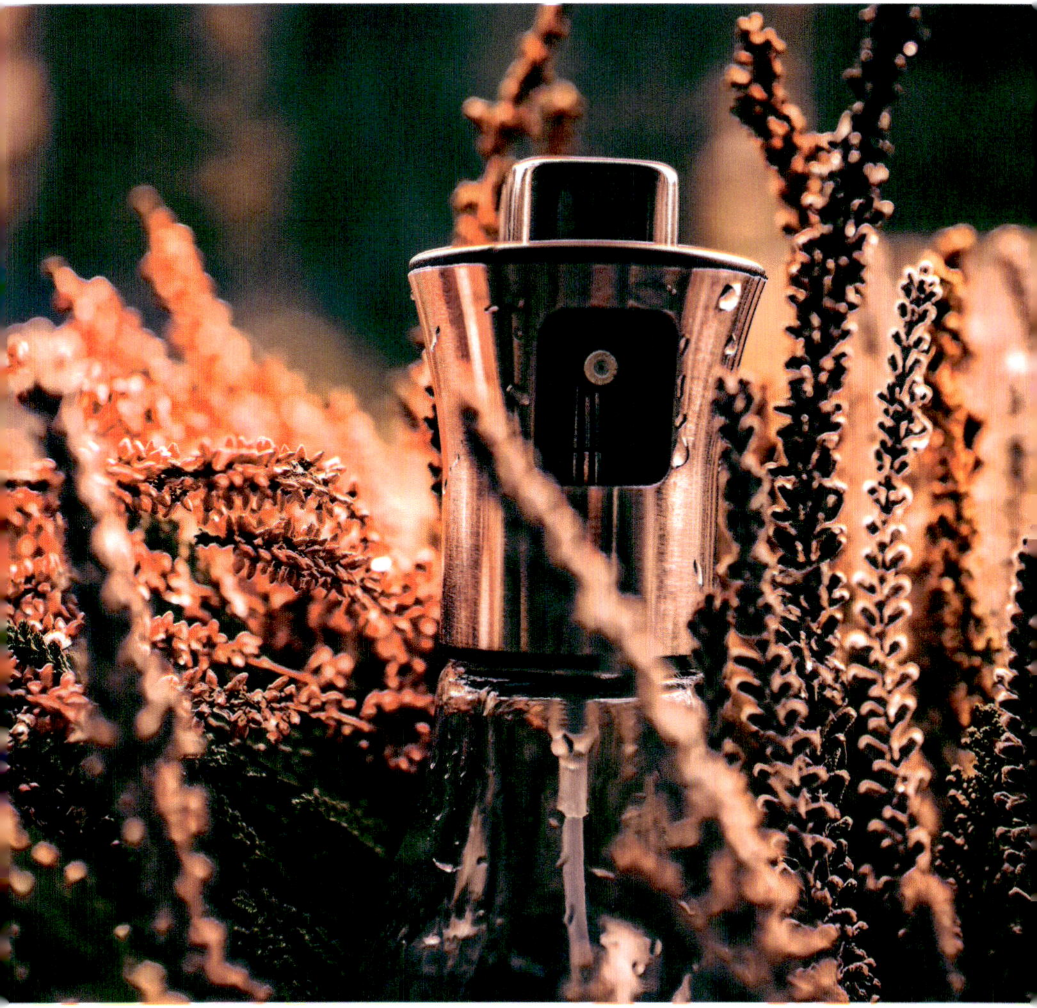

▲ *Sprühfläschchen wie diese werden in Web zuhauf angeboten.*

DSLM | ISO 320 | 30 mm | f/2 | 1/500 Sek.

# 43.

# Außergewöhnliche Fotos durch die Glaskugel

**Man sieht sie immer öfter auf Instagram, Facebook oder anderen sozialen Netzwerken: Glaskugelbilder. Bei dieser Art der Fotografie nimmt man eine Glaskugel und die Lichtbrechung sorgt für ganz besondere Bilder.**

## Von gewöhnlich zu außergewöhnlich

Mit einer Glaskugel verwandeln Sie das Gewöhnliche in etwas Außergewöhnliches. Bei der Aufnahme eines Fotos durch eine Glaskugel macht die Positionierung den Unterschied zwischen gewöhnlich und beeindruckend aus. Denken Sie auch an den Abstand zwischen der Glaskugel und dem Objekt, das Sie fotografieren. Warum ist das wichtig? Wenn die Kamera weiter von der Kugel entfernt ist, erhalten Sie ein schärferes und klareres Bild. Wenn Sie jedoch den Hintergrund ausblenden möchten, können Sie ganz nah an das Objekt herangehen, um ein verzerrtes Foto zu erhalten. Lassen Sie sich überraschen.

### Brechung

Brechung tritt auf, wenn Licht durch ein Objekt mit dichterer Masse, wie z. B. Wasser oder Glas, fällt. Bei der Brechung wird das Licht gebeugt und es kommt zu einer Verzerrung des Bildes im Inneren der Glaskugel. Beispiel: Halten Sie einen Bleistift in ein Wasserglas, erscheint dieser beim Blick ins Glas gebogen.

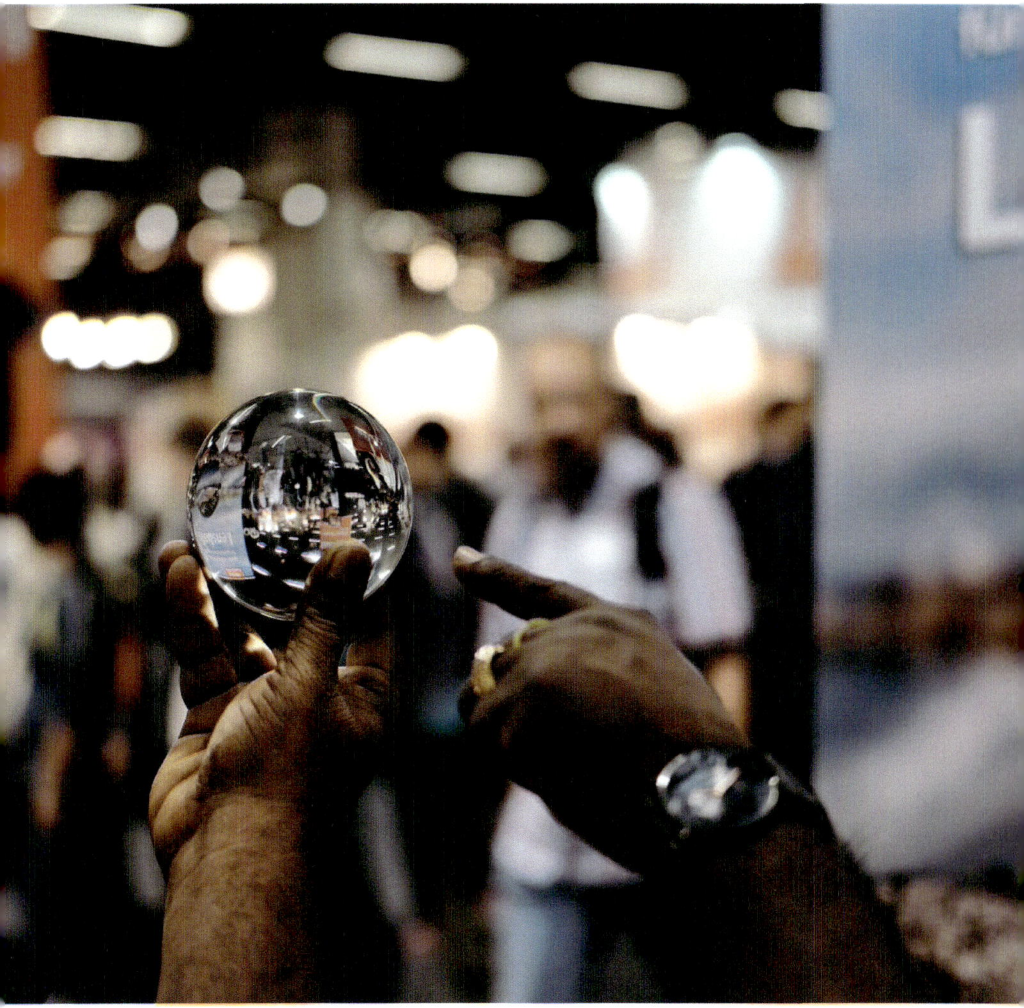

▲ *Die Glaskugel ist ein tolles Accessoire für kreative Fotografie. Sie brauchen kein Experte zu sein, noch brauchen Sie teure Ausrüstung. Glaskugel, Kamera und ein gutes Motiv - und schon kann es losgehen.*

DSLM | ISO 200 | 35 mm | f/2 | 1/80 Sek.

# 44.
# Bulb oder was?

**Im Bulb-Modus können Sie mühelos extrem lange Belichtungszeiten aufnehmen. Die folgenden Tipps zeigen, wie Sie ihn richtig einsetzen. Fotografen sind oft wegen der 30-Sekunden-Beschränkung der Verschlusszeit vieler Kameras frustriert. Was sie vielleicht nicht wissen, ist, dass es einen einfachen Weg gibt, diese Beschränkung zu umgehen – wenn man weiß, wie man ihn nutzt. Diese Lösung ist als Bulb-Modus bekannt.**

## Beliebig lange Verschlusszeit

Mit dem Bulb-Modus bleibt der Verschluss Ihrer Kamera so lange offen, wie Sie den Auslöser gedrückt halten. Die maximale Belichtungszeit im Bulb-Modus hängt von der Kamera ab - häufig 30 Minuten, manchmal so lange, wie Sie möchten. Die im Alltag üblichen Verschlusszeiten bewegen sich zwischen 1/60 Sek. und 1/500 Sek., wenn man aus der Hand und ohne Stativ fotografiert. Werden die Zeiten länger, braucht man meistens ein Stativ, um die Kamera ruhig halten zu können.

## Verwendung von Bulb-Belichtungszeiten

Im Allgemeinen gibt es keinen Grund, den Bulb-Modus zu verwenden, wenn die Belichtungszeit unter 30 Sekunden liegt, oder die längste Verschlusszeit Ihrer Kamera. Die wichtigste Ausnahme ist, wenn Sie nachts Sterne fotografieren und die Verschlusszeit sehr genau einhalten wollen, um Sternspuren zu vermeiden.

Dennoch, ein großes Problem bleibt: Wenn Sie den Auslöser im Bulb-Modus drücken, verwackelt die Kamera fast immer und es kommt zu Unschärfen.

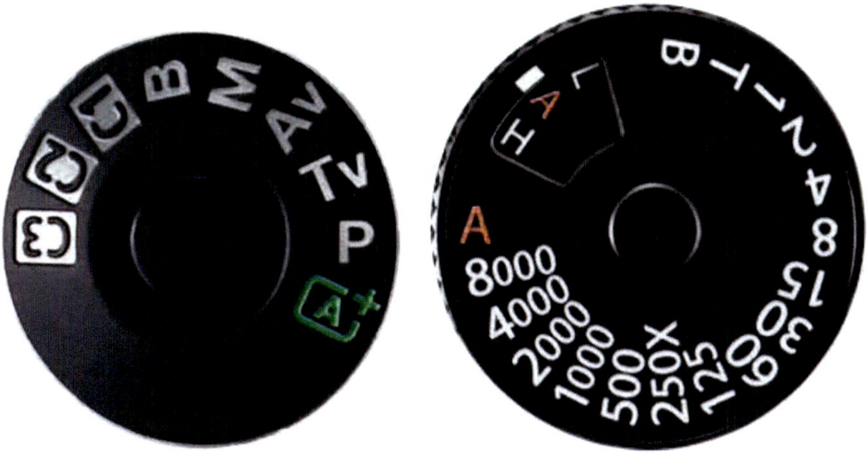


▲ *Links das Moduswahlrad der Canon EOS Mark IV mit dem Modus Bulb (B). Bei der Fujifilm XPro2 wird der Modus Bulb (B) mit dem Einstellrad für die Belichtungszeit (rechts) festgelegt.*

Das liegt daran, dass Ihre Hände unweigerlich wackeln. Selbst mit dem stabilsten Stativ werden Sie wahrscheinlich unscharfe Fotos erhalten, wenn Sie den Bulb-Modus auf diese Weise verwenden. Was also kann man dagegen tun?

### Unscharfe Bulb-Belichtungen vermeiden

Die beste Lösung zur Vermeidung unscharfer Belichtungen in Bulb ist oft, die Kamera während der Aufnahme überhaupt nicht zu berühren. Verwenden Sie stattdessen einen Fernauslöser! Für jedes gängige Modell auf dem Markt gibt es einen kompatiblen Fernauslöser.

# 45. Garantiert ohne Verwackler

**Bei gleicher Blende und Empfindlichkeit ist die Verschlusszeit dafür entscheidend, wie viel Licht auf den Sensor fällt und wie hell ein Motiv wird. Aber Achtung! Je länger die Verschlusszeit ist, desto größer ist die Gefahr, die Bilder zu verwackeln. Eine alte Fotografenregel hilft, eine verwacklungssichere Verschlusszeit auszuwählen. Verwenden Sie einen Wert, der mit der Brennweite korreliert.**

## Denken Sie immer an den Kehrwert!

Konkret bedeutet das: Arbeiten Sie mit einer Brennweite von 200 mm, sollte die Verschlusszeit höchstens 1/200 Sek. betragen. Liegt die Brennweite bei 50 mm, sollte die Zeit bei 1/50 Sek. oder kürzer liegen. Bei 500 mm wäre die Verschlusszeit 1/500 Sek.

Längere Zeiten führen zu verwackelten Bildern. Besitzt Ihre Kamera einen Bildstabilisator, können Sie etwas entspannter mit dieser Regel umgehen und die Verschlusszeiten noch ein wenig verlängern. Der Stabilisator bringt mindestens zwei oder drei Belichtungsstufen bzw. Verschlusszeitintervalle Spielraum. Bei 50 mm Brennweite ließe sich z. B. auch noch mit 1/10 Sek. aus der Hand fotografieren, wenn sich Ihr Motiv nicht bewegt.

## Einbeinstativ oder Funkfernauslöser

Man ist mit einem Einbein sehr mobil und kann schnell den Standort wechseln. Professionelle Sportfotografen arbeiten sehr häufig mit Einbeinstativen, um flexibel bei der Wahl des Standorts zu sein.

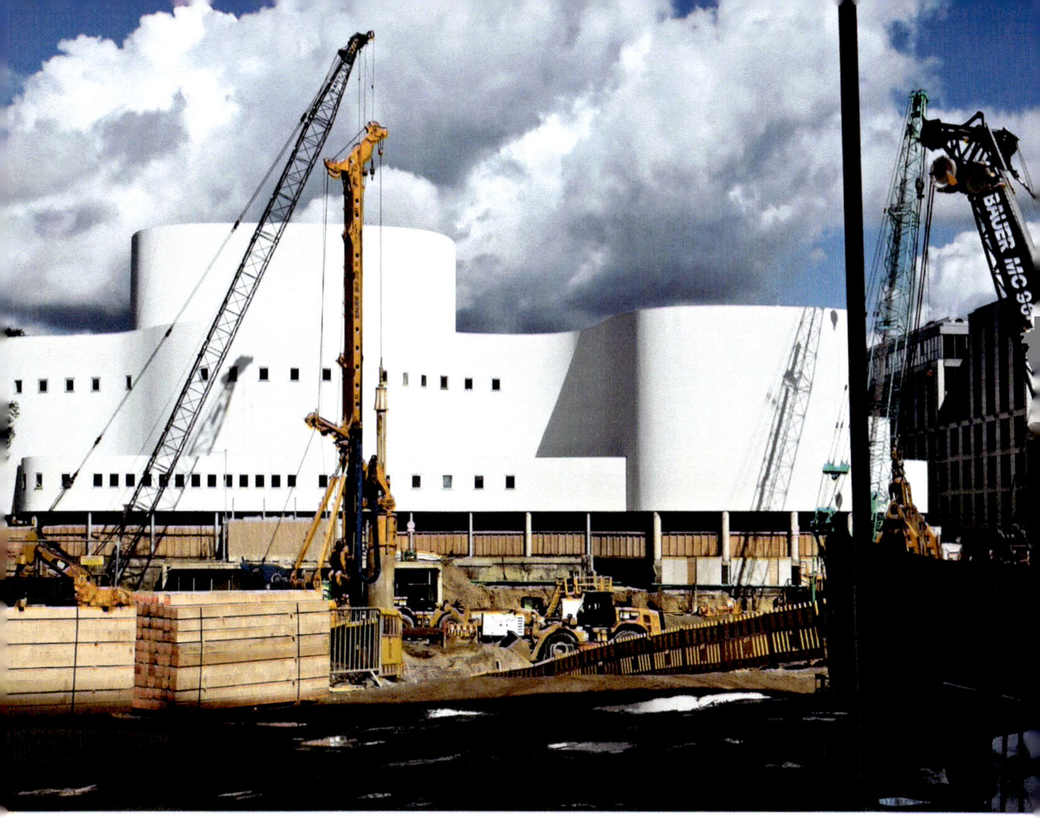


▲ *Mehr Bildstabilisator geht nicht. Hier liegt die Brennweite bei 18 mm (27 mm Kleinbild), also sollte die Verschlusszeit nicht mehr als 1/30 Sek. betragen.*

DSLM APS-C | ISO 400 | 18 mm | f/16 | 1/550 Sek.

Aber auch bei Reportagen wie Hochzeitsfeiern kann ein Einbeinstativ wertvoll sein, um die Bilder nicht zu verwackeln. Ebenfalls gut gegen Verwackeln ist der Selbstauslöser, der die Belichtung erst nach zwei oder mehr Sekunden, nachdem man den Auslöser gedrückt hat, startet. Mit einem Funkfernauslöser wird das Bedienen der Kamera besonders komfortabel, da Sie per Funk oder per Kabel auslösen können. Der Funkauslöser besitzt eine Reichweite von bis zu 100 Metern und verhindert Unschärfen durch Verwacklungen, die beim Betätigen des Auslösers an der Kamera entstehen können.

# 46.

# Regenbilder durch die Glasscheibe

**Auch für diesen Hack hat man eigentlich schon alles zu Hause. Sie benötigen einfach nur einen Bilderrahmen inklusive Glasscheibe sowie eine leere und saubere Sprühflasche. Oder noch komfortabler – das große Wohnzimmerfenster zum Garten.**

## Wenn es nicht regnen will

Mit diesem einfachen Hack zaubern Sie nicht nur tolle Regenporträts, auch Stillleben lassen sich so wunderbar inszenieren. Bevor es losgeht, reinigen Sie die Glasscheibe und tragen mit einem Mikrofasertuch einen dünnen Ölfilm auf. Dadurch perlen die Wassertropfen wunderbar vom Glas ab.

Am besten hält eine helfende Hand die Glasscheibe vor das Model und Sie können in Ruhe Ihre Aufnahmen machen.

## Es geht aber noch einfacher

Die Wettervorhersage hat für den Abend lang anhaltenden Regen angekündigt. Diese Information reicht aus, um die auf einem Stativ sitzende Kamera vor einem sauberen Fenster zu positionieren und auf den einsetzenden Regen zu warten. Sobald es schüttet, hat das Model die undankbare Aufgabe, hinter dem Fenster im Regen zu posieren.

Eine offene Blende sorgt dafür, dass die Tropfen in der Schärfeebene liegen und das Model unscharf abgebildet wird.

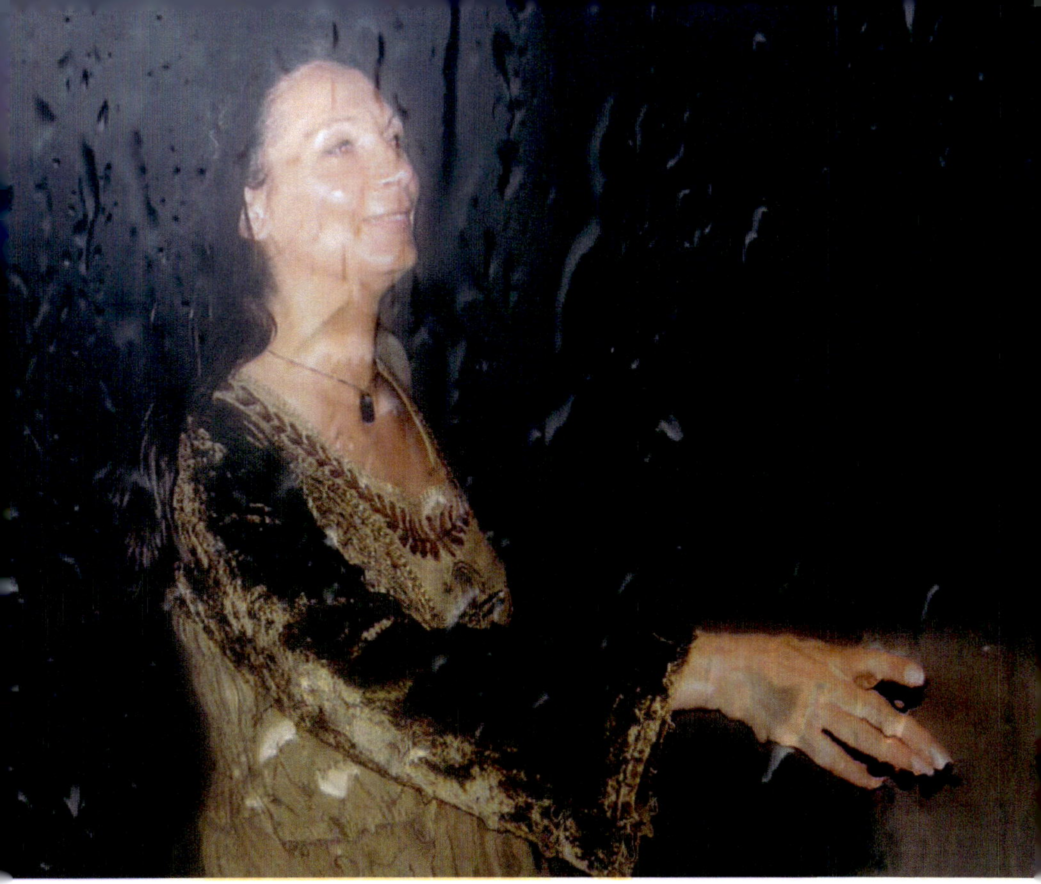

▲ *Dancing in the rain.*

DSLM | ISO 200 | 23 mm | f/8 | 1/60 Sek.

## Durch Glasscheiben fotografieren

Halten Sie die Kamera im Winkel von 45° auf die Scheibe gerichtet und achten Sie darauf, dass sich niemand in ihr spiegelt. Gehen Sie mit dem Objektiv so nah wie möglich an die Scheibe heran. Dadurch werden Spiegelungen von Ihnen oder dem Geschehen hinter Ihnen vermieden.

# 47. Weniger ist immer mehr

**Beherrsche die Kunst der Reduktion! Minimalistische Details und keine überladenen Motive sind das Motto für diesen Tipp. Indem Sie in einem Foto weniger zeigen, geben Sie dem Betrachter Raum für seine eigene Interpretation des abgebildeten Motivs.**

## Einfach zu viel des Guten

Als begeisterter Streetfotograf hat man es häufig mit einem visuellen Überangebot zu tun: strahlende Lichter, sich überlagernde Perspektiven, Menschenmassen, die üblichen Störer usw. Nicht viel anders verhält es sich in der urbanen Landschaftsfotografie. Konzentrieren Sie sich auf gegensätzliche geometrische Formen in einem Bildausschnitt.

Suchen Sie nach dem Weniger und Sie werden es finden. Viele Künstler sind sich darin einig, dass weniger Inhalt oft mehr ist. Dass freier Raum, Leere oder negativer Raum eine wunderbare Sache ist. Experimentieren Sie mit dem Verhältnis von negativem zu positivem Raum und Sie werden schnell feststellen, wie sehr das die Betrachter Ihrer Bilder beeinflusst.

Seien Sie mutig. Gerade die Nähe zum Motiv und der Blick für wesentliche Details geben Ihnen einen Gestaltungsfreiraum, den Sie zur eigenen Interpretation vieler Regeln nutzen können und sollten.

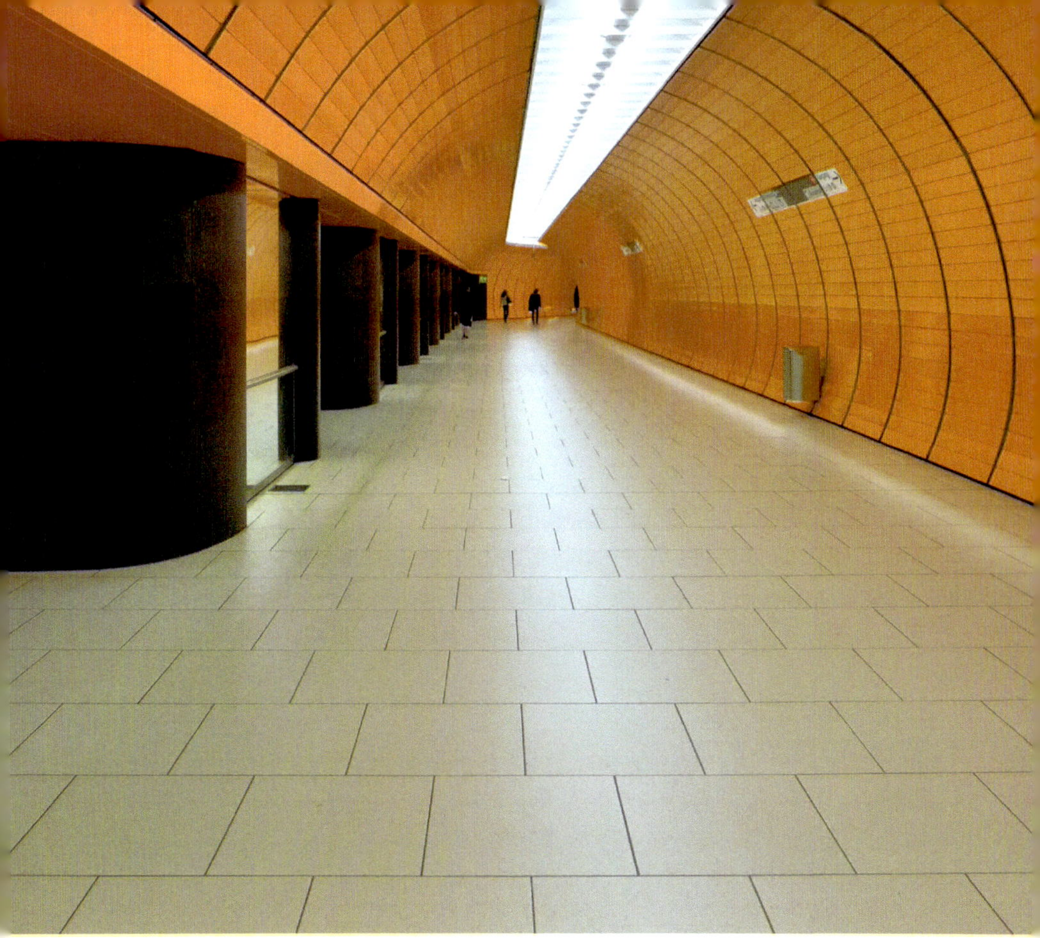

▲ *U-Bahnstation am Marienplatz in München. Weniger ist mehr! Fotografieren Sie einfache Motive statt überbordende Highlights. Der Betrachter wird durch die Linien in das Bild hineingezogen. Zudem ist dieses Foto ein weiteres Beispiel für die Erzeugung räumlicher Tiefe.*

DSLM | ISO 500 | 12 mm | f/5,6 | 1/30 Sek.

# 48.
# Reflexionen miteinbeziehen

**Reflexionen, die Sie in Ihre Fotos einbeziehen können, finden Sie in großflächigen Fensterfronten, in Regenpfützen oder ruhigen Wasseroberflächen. Aber auch das Smartphone-Display eignet sich prima, um interessante Reflexionen einzufangen - wie bei diesem Stillleben auf meinem Schreibtisch. Probieren Sie es einfach aus.**

## Reflektierende Flächen

Spiegelungen (auch #puddlegrams) in der Pfütze oder im See sind ein beliebtes stilistisches Mittel, um interessante Gebäude oder Bergmotive noch imposanter erscheinen zu lassen. Wer das richtig gut beherrscht, erzeugt beim Betrachter eine Illusion: Was ist echt, was ist Reflexion?

Bei reflektierenden Flächen denkt man zuerst an Spiegel, aber es gibt noch weitaus mehr, die Sie für Ihre Fotografie nutzen können:

- Wasser: Klare Regenpfützen oder glatte Seen gehören zu den beliebtesten Reflexionsflächen von Fotografen.
- Glas: Glasscheiben jedweder Art können sehr gut das Drumherum oder das geplante Motiv widerspiegeln - so wie das abgebildete Smartphone-Display.
- Polierte Oberflächen: Polierte Objekte können auch Reflexionen erzeugen - nicht so klar wie die eines Spiegels, aber der Effekt hat was.

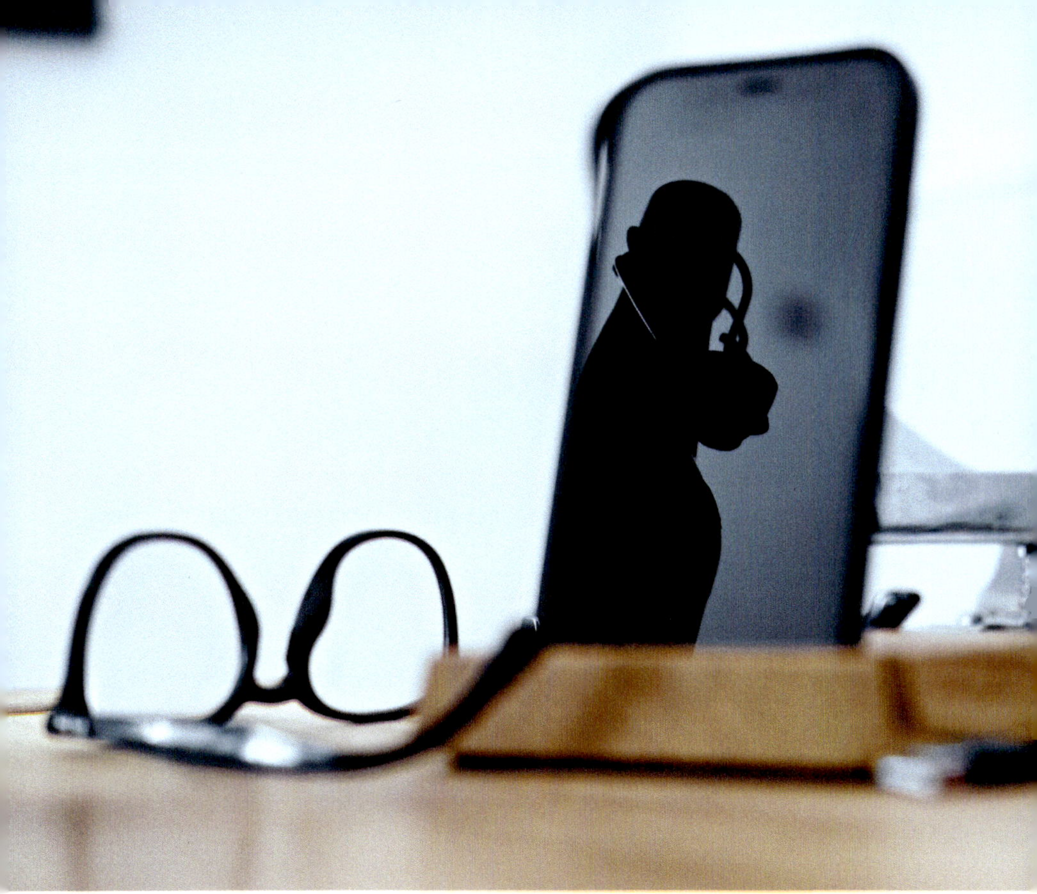

▲ *Stillleben auf dem Schreibtisch und eine ungeplante Reflexion im Smartphone-Display.*

DSLM | ISO 1600 | 35 mm | f/2,2 | 1/105 Sek.

### Erstaunliche Effekte

Das Schöne beim Fotografieren von Reflexionen ist, dass diese aus einem einfachen Bild etwas Reichhaltigeres, Abstrakteres oder gar Künstlerisches machen können. Die Verwendung von Reflexionen in der Fotografie kann zu erstaunlichen Effekten und wunderschönen Bildern führen.

# 49.
# Fotos mit Tiefenwirkung

**Fotos sind zweidimensional. Wie erweckt man aber in einem Foto den Eindruck von räumlicher Tiefe?**

## Vorder-, Mittel- und Hintergrund

Die allerwichtigsten Gestaltungsmittel sind Vorder-, Mittel- und Hintergrund. Der Begriff Mittelgrund drückt aus, dass es zwischen den beiden Ebenen ganz vorn und ganz hinten einen weiteren Bereich gibt, in dem sich etwas abspielt. Das Hauptmotiv kann sich natürlich in jeder der Ebenen befinden, es kommt nur darauf an, das Auge des Betrachters auf diesen Blickfang zu lenken. Wenn die Gestaltungsebenen in einem Bild klar voneinander getrennt sind, entsteht ganz automatisch ein dreidimensionaler Eindruck.

## Tipps für die Erzeugung räumlicher Tiefe

Ebenfalls gut für räumliche Tiefe sind parallele Linien, die nach hinten zusammenlaufen oder eine Reihe von Begrenzungspfosten einer Straße. Aber auch gleich große Motive, die hintereinander positioniert sind,  auf dem Bild unterschiedlich viel Platz einnehmen und nach hinten scheinbar kleiner werden.

## Umrahmungen finden und nutzen

Zwar führt ein Rahmen nicht wie eine Führungslinie in ein Bild hinein, er weist aber trotzdem unmissverständlich auf etwas hin, nämlich das Motiv, das vom Rahmen umrandet wird. Es ist für einen Betrachter praktisch unvermeidbar, das eingerahmte Motiv intensiver wahrzunehmen als den Rest des Bilds.

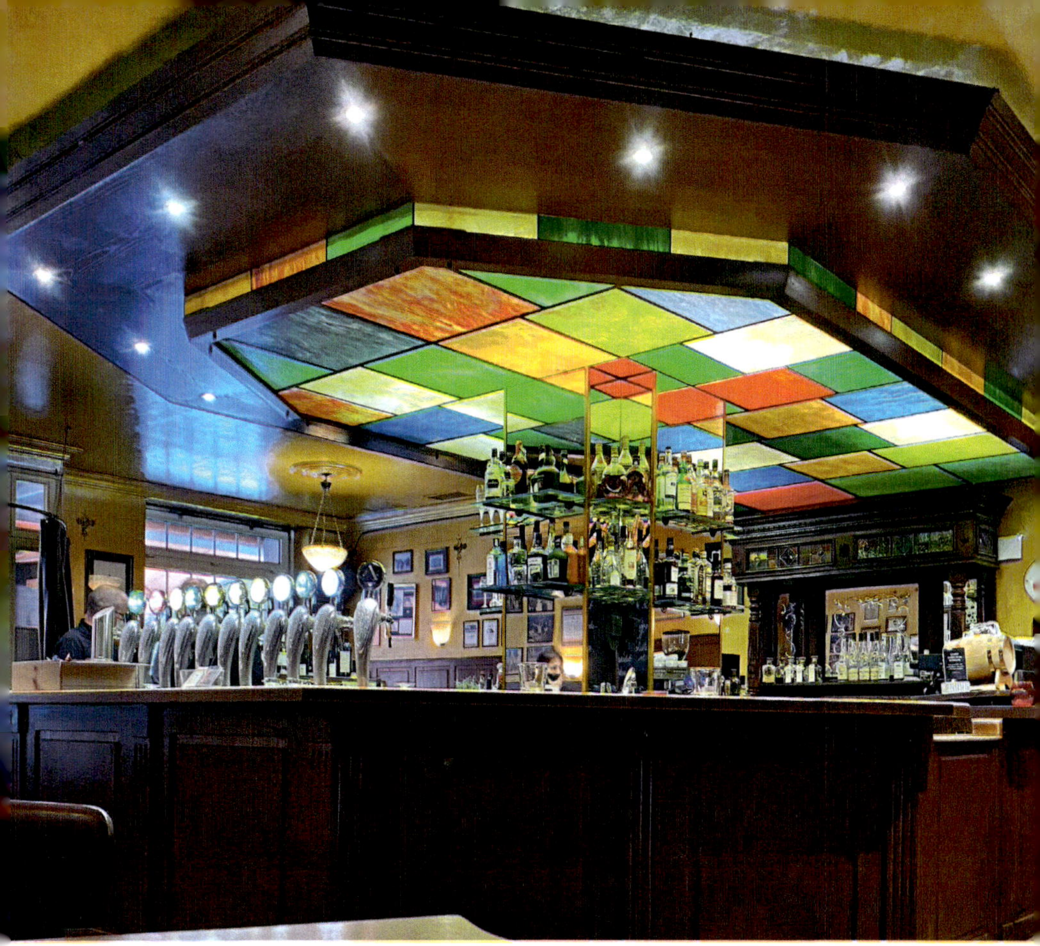

▲ *Tischplatte im Vordergrund, Zapfanlage und Tresen im Mittelgrund, Rückwand des Raums im Hintergrund.*

DSLM | ISO 640 | 18,5 mm | f/11 | 1/100 Sek.

## Achten Sie auf Beleuchtungskontraste

Kontraststarke Beleuchtungen verstärken die Tiefenwirkung in Ihren Fotos. Ist die dargestellte Szene vorne dunkel und nach hinten heller, ergibt sich ein Tunneleffekt. Das Auge wird zum hellsten Punkt gezogen, so wie bei diesem Beispielbild.

# 50.
# Eindringliche Farbkombinationen

**Es gibt einige Farbkombinationen, die ganz besonders eindringlich und kontrastreich wirken und Spannung in ein Foto bringen. Das sind vor allem die Kombinationen aus Gelb und Blau, Grün und Magenta (Pink) sowie Rot und Cyan (Hellblau). Motive und Bilder mit diesen Farbkombinationen bleiben in Erinnerung.**

## Eindrucksvolle Fassadenkunst

Unmittelbar am K20 in Düsseldorf stößt man beim Fotowalk auf dieses 180 Quadratmeter große Fassadenkunstwerk, zusammengesetzt aus handglasierten Keramikfliesen. Es stammt von der englischen Künstlerin Sarah Morris und trägt den Namen Hornet (Hornisse).

## Gelbes Rapsfeld vor blauem Himmel

Ein echter Klassiker in unserem Kulturkreis ist das gelbe Rapsfeld vor strahlend blauem Himmel. Blau-Gelb-Kontraste sind ebenso wie Rot-Grün-Kontraste klassische Farbkompositionen, um Motive interessant zu machen.

## Mit Farben experimentieren

Die Möglichkeiten, mit Farben zu experimentieren, sind mit der digitalen Fotografie ins Unermessliche gestiegen. Bei der Bildbearbeitung am Computer kann man jedem Foto mit ein wenig Know-how jeden beliebigen Farbcharakter geben. Auch ein mit einem Rotfilter digital aufgenommenes Foto, das einen dementsprechenden Rotstich hat, kann am Computer nachträglich jede nur erdenkliche Farbnuance annehmen.

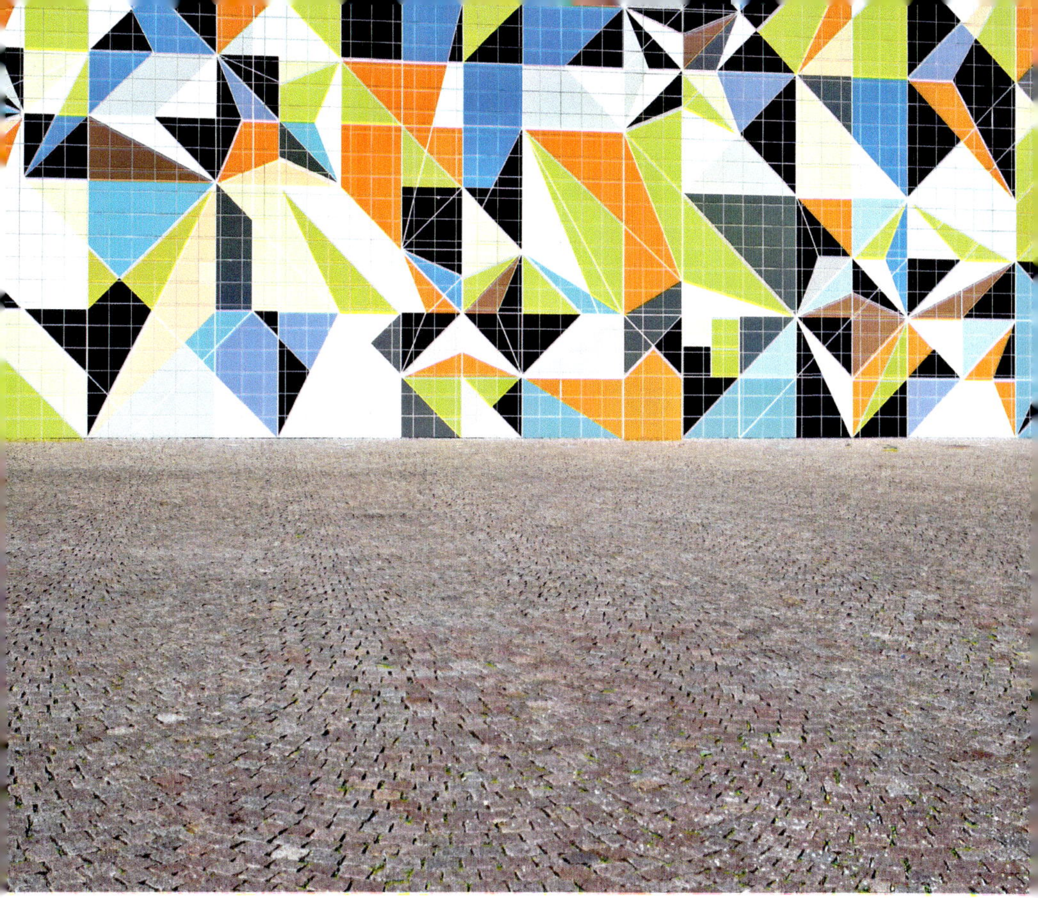

▲ *Fassadenkunst am Düsseldorfer K20.*

DSLM | ISO 640 | 18,5 mm | f/11 | 1/100 Sek.

### App Farbkreis Pro

Wenn Sie unsicher sind, welche Farben gut miteinander kombinierbar sind, können Sie sich jede Menge Inspiration in Einrichtungshäusern oder in Dekoshops holen. Farbtabellen oder Apps wie Farbkreis Pro helfen Ihnen ebenfalls bei der Farbwahl weiter.

# 51. Wolken als Diffusor nutzen

**Steht die Sonne hoch am Himmel, sind die Kontraste stark und die Schatten hart. Egal ob Landschaftsaufnahme oder Porträt – dieses Licht ist nur in wenigen Ausnahmefällen zu gebrauchen, etwa am Sandstrand mit türkisfarbenem Meer.**

## Weiche Schatten, sanfte Kontraste

Viel besser ist es, wenn Wolken am Himmel ziehen. Sie wirken wie ein Diffusor und erzeugen weiche Schatten und sanfte Kontraste - das perfekte Licht, um tolle Fotos zu schießen. Außerdem sorgen Wolken dafür, dass mehr Spannung in das Bild kommt.

## Höhere ISO-Werte und Belichtungskorrektur

Andauernde Bewölkung ist nicht gerade das Traumwetter für Outdoorfotografen, aber die Lichtverhältnisse bei bewölktem Himmel sind unkompliziert und man brauch nicht auf die Lichtrichtung zu achten. Die Wolken wirken wie ein übergroßer Diffusor. Keine Frage, die Lichtausbeute geht nach unten, aber auch das ist kein großes Problem. Stellen Sie einfach die Empfindlichkeit auf einen höheren Wert oder drehen Sie das Belichtungskorrekturrad etwas nach oben.

Für das Fotografieren der Wolken selbst verringern Sie den ISO-Wert, vorzugsweise unter ISO 800. Für die Blende wählen Sie f/8 oder f/11.

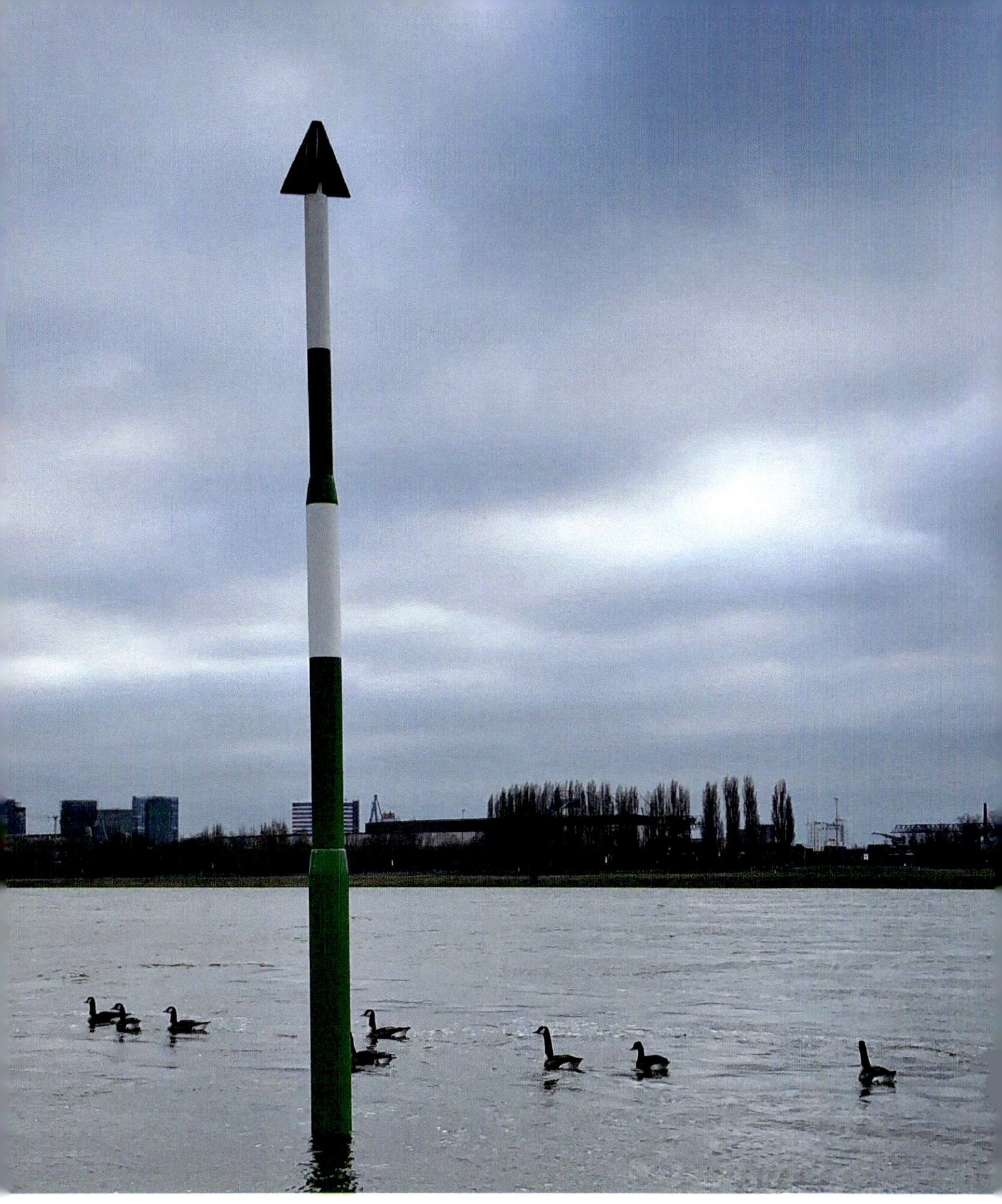

▲ *Der wolkenverhangene Himmel sorgt für ein wunderbar diffuses Licht.*

DSLM | ISO 640 | 18,5 mm | f/11 | 1/100 Sek.

# 52.
# Planen mit Yin und Yang

**Für die Planung eines Filter-Shootings an einem bestimmten Ort zu einer bestimmten Jahres- und Tageszeit lassen sich viele Kriterien der Yin-Yang-Theorie als Teil der daoistischen Harmonielehre Feng-Shui wunderbar nutzen. Die Theorie besagt unter anderem, dass es Licht und Schatten zugleich gibt, sobald Licht direkt auf etwas Gegenständliches fällt.**

## Kriterien der Yin-Yang-Theorie

Scheint die Sonne über dem Hauptmotiv, ist eine Seite davon in Licht getaucht, die andere Seite dagegen in Schatten. Beim Anblick dieser Szene steht das Yin für das subtile Gefühl, das wir haben, wenn wir auf der Schattenseite stehen. Das Yang dagegen steht für unsere Stimmung beim Anblick des Bergs in hellem Sonnenlicht.

- YIN = YANG
- Nacht = Tag
- Mond = Sonne
- Schatten = Licht
- Ruhe = Aktivität
- Wasser = Feuer
- Boden = Spitze
- unten = oben
- tief = hoch
- weich = fest
- traurig = wütend

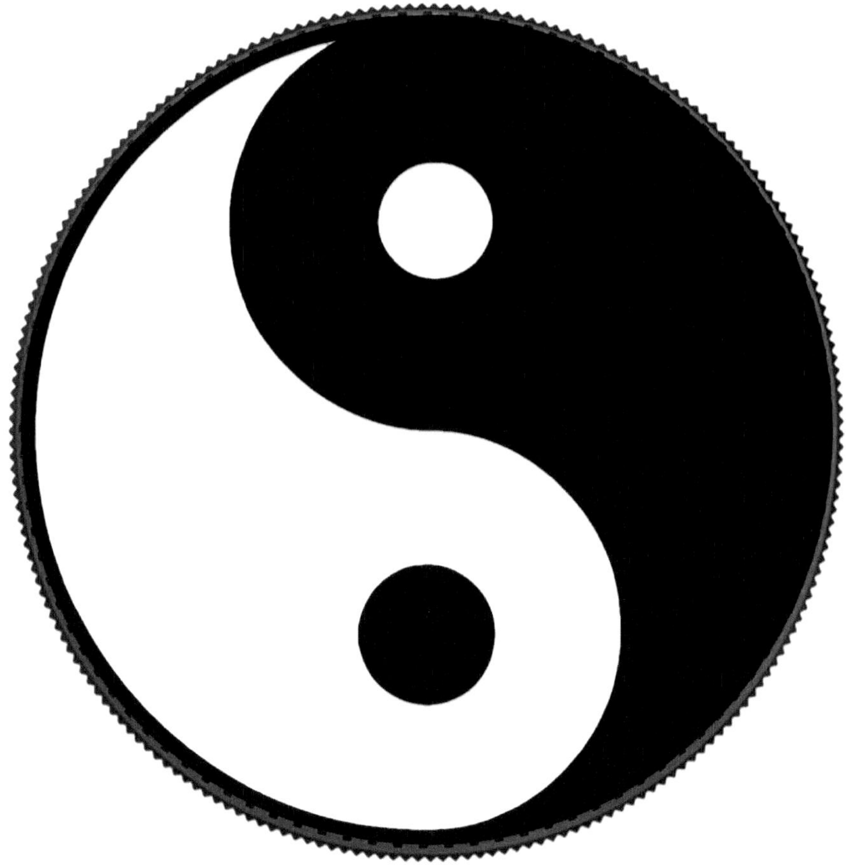

▲ *Nutzen Sie für Ihre Fotografie die Kriterien der Yin-Yang-Theorie.*

# 53.
# Filter für Spezialeffekte

**Während in der analogen Fotografie eine wahre Flut an Filtern für verschiedene Aufgaben nötig war – Konversionsfilter gegen Farbstiche, Effektfilter für Spezialeffekte, Verlaufsfilter etc. –, sind für digitale Kameras nur noch einige wenige Filter sinnvoll. Dazu gehören UV- und Skylight-Filter sowie Filter für Aufnahmen bei Neonlicht, neutrale Graufilter und Polarisationsfilter.**

## Filtertypen für Digitalkameras

- **Polarisationsfilter** – der für ernsthaft arbeitende Fotografen wichtigste Filter ist der Polfilter (Polarisationsfilter). Es gibt zwei Ausführungen: lineare und zirkulare Polfilter. Beide erzielen die gleiche Wirkung und reduzieren die Lichtmenge, die durch das Objektiv fällt. Polfilter sind drehbar. Je nach Stellung werden Reflexionen gemindert oder sogar völlig ausgeschaltet. In der Landschaftsfotografie beseitigt der Filter effektiv Dunst, steigert Kontraste und sorgt vor allem für eine bessere Farbsättigung. Polfilter reduzieren den durch Reflexionen des blauen Himmels entstehenden Blaustich, sodass Farben viel natürlicher wiedergegeben werden. Am besten wirkt der Polfilter, wenn die Sonne seitlich vom Fotografen steht.

- **Graufilter** – Graufilter reduzieren einfach die durch das Objektiv einfallende Lichtmenge. Der Sinn der Sache: Wenn Sie für selektive Schärfe mit offener Blende fotografieren möchten, die Umgebung aber zu hell ist und die Kamera keine genügend kurze Belichtungszeit steuern kann, wird die Lichtmenge durch den neutralen Graufilter einfach reduziert. Neutralfilter gibt es in verschiedenen Dichten (Stärken).

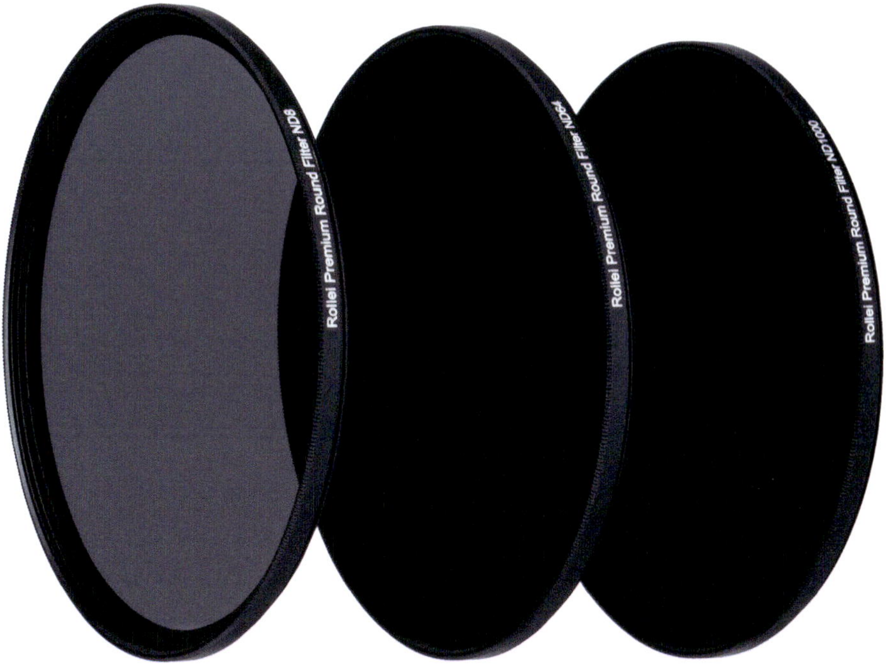


▲ *Die Rollei Premium Rundfilter ND8, ND64 und ND1000. (Foto: Rollei)*

Eine Besonderheit ist der Grauverlaufsfilter. Er dient dazu, den Himmel (oder einen anderen zu hellen Bereich) abzudunkeln und den Kontrastumfang eines Motivs auf diese Weise zu reduzieren.

- **UV-Filter** – Standard-UV-Filter verringern den störenden UV-Lichteinfluss im Bild und werden heute vorwiegend nur noch als Schutzfilter für die empfindliche Frontlinse verwendet. Durch die hochwertige Vergütung moderner Linsen sind UV-Filter optisch gesehen nicht mehr erforderlich.

# 54.

# Kamerapflege zahlt sich immer aus

**Staub und - viel schlimmer noch - Feuchtigkeit können den mechanischen und elektronischen Bauteilen einer Kamera den Todesstoß versetzen – mal abgesehen davon, dass Staub auf dem Sensor unschöne Flecken auf jedem Foto produziert.**

## Immer dabei: Staubpinsel und Mikrofasertuch

Wird das Objektiv an der Kamera gewechselt, gelangt Luft, und damit Staub, ins Innere. Um das Risiko eines verschmutzten Sensors zu minimieren, sollten Sie das Gehäuse nur in möglichst sauberer und staubfreier Umgebung öffnen. Halten Sie außerdem die Kamera beim Objektivwechsel mit dem Bajonett nach unten.

Für den Fall, dass im Laufe der Zeit Staub ins Kameragehäuse eingedrungen ist und sich auf dem Sensor abgesetzt hat, gibt es allerhand Spezialgerät und Mittelchen. Lassen Sie aber besser die Finger davon. Die Sensorreinigung geschieht immer auf eigene Gefahr und sollte stets nur von einem Service im Fotofachhandel entfernt werden.

Um das Kameragehäuse und die Objektive äußerlich zu pflegen, gibt es mehrere Möglichkeiten. Handelt es sich bei den Verschmutzungen am Gehäuse lediglich um Staubpartikel, kann man mit einem einfachen Brillenputztuch ohne zusätzliche Reinigungsmittel arbeiten. Auch ein Blasebalg, ein Druckluftgerät oder ein Reinigungspinsel kommt infrage.

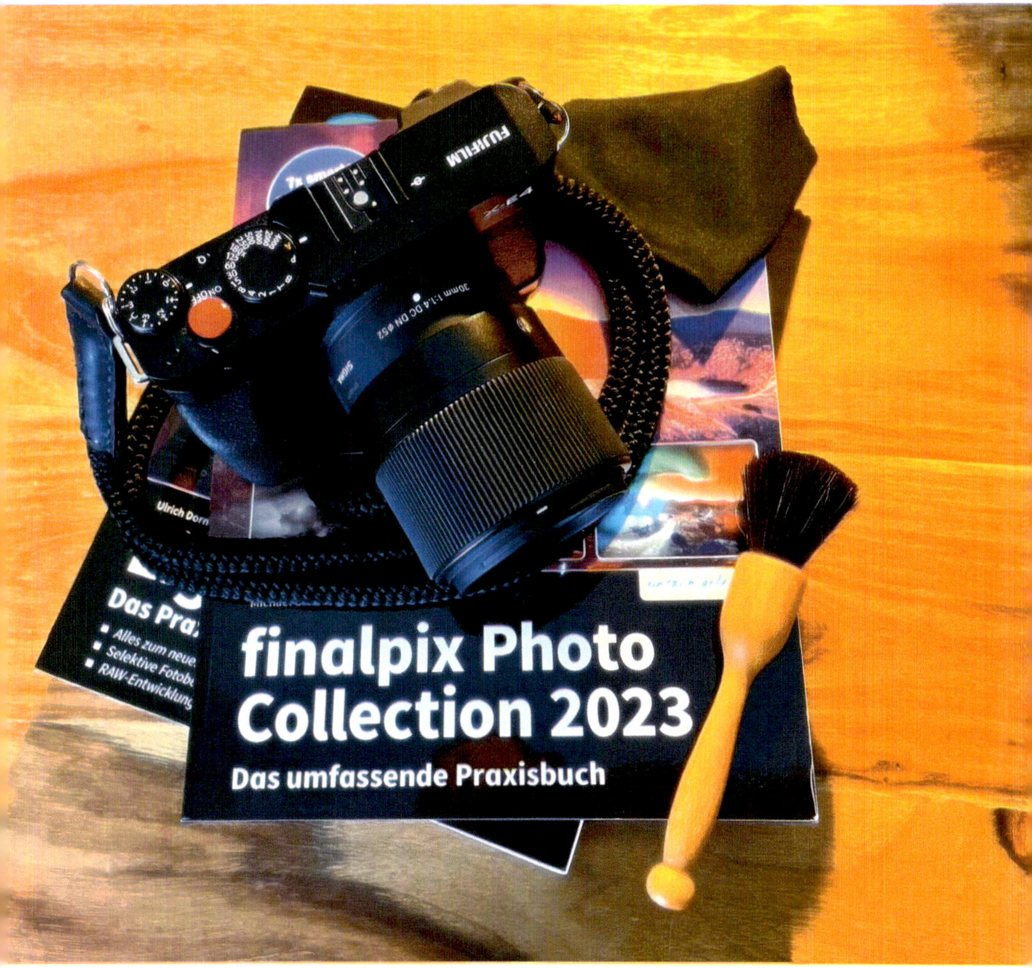


▲ *Reinigungsgeräte gibt es verschiedene. Zumindest ein geeignetes Mikrofasertuch sollte immer dabei sein. Ebenfalls zu empfehlen sind ein Reinigungspinsel und ein Blasebalg oder ein kleines Druckluftgerät zum Reinigen des Objektivs.*

iPhone | ISO 400 | 4,2 mm | f/1,6 | 1/33 Sek.

# 55.
# Finde deinen Kameragurt

**Wer möchte schon als wandelnder Werbekasper für den Kamerahersteller herumlaufen? Jeder neuen Kamera liegt mit Sicherheit ein Kameragurt bei, auf den die Marke des Herstellers fett aufgedruckt ist. Diese Gurte sind meist relativ schmal und auf Dauer nicht sehr komfortabel. Aber es geht auch anders!**

## Gurte aus Paracord

Eine Zeit lang war ich verrückt nach Ledergurten, habe mich aber schlussendlich für Gurte aus Paracord entschieden. Das Material ist ebenso leicht wie reißfest und im Handling mit der Kamera sehr bequem. Außerdem haben einige Gurte und Handschlaufen einen Schnellverschluss, sodass man sie variabel an allen Kameras einsetzen und tauschen kann.

## Kriterien für die Auswahl

Trägen Sie Ihre Kamera lieber seitlich (Gurt kreuzt die Brust) oder hüfthoch vorne? Ändern Sie die Länge des Gurts/der Handschlaufe ständig oder reicht Ihnen eine, wenn sie optimal sitzt? Ist das Material bequem für Sie, schneidet nicht ein und löst keine Reizungen (auch beim Schwitzen) auf Ihrer Haut aus?

## Empfehlenswerte Kameragurte

- Leica Rope Straps - https://store.cooph.com
- Gordy's Camera Straps - gordyscamerastraps.com
- Cord Weaver Straps - https://www.cordweaver.co.uk
- Hyperion Straps - https://x-kamera.de
- Lance Camera Straps - http://lancecamerastraps.com

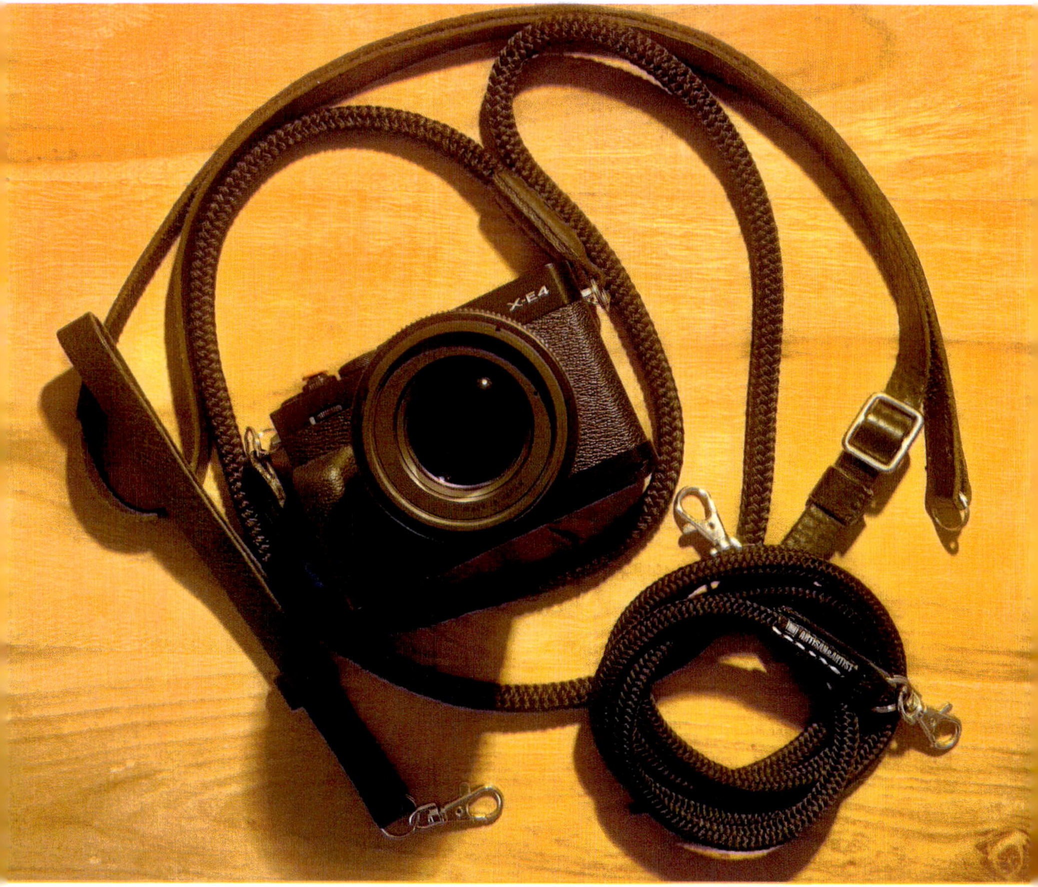


▲ *Auswahl erprobter Gurte, die es an meine Fujis geschafft haben. Mit den Karabinerhaken von Amazon ist der Gurtwechsel nur noch eine Sache von Sekunden.*

iPhone | ISO 400 | 4,2 mm | f/1,6 | 1/50 Sek.

### Tipp! Kleine Karabinerhaken

Machen Sie sich Ihre Schnellverschlüsse einfach selbst! Womit? Mit kleinen Karabinerhaken (ca. 37 × 25 × 2 Millimeter).